イタリア・アカデミックな歩きかた

―都市をめぐる教養散策

丹野義彦

有斐閣

はじめに

イタリアの大学散歩

本書はイタリアの九つの都市をめぐり、大学散歩を試みたものです。

イタリア各地の大学や学術施設を訪ね、歴史・学問・社会とのかかわりなどを紹介しました。

海外の大学を散歩する楽しさを伝えるために、私は『こころの臨床ツアー』として、ロンドン編、アメリカ編、イギリス編の三部作を刊行してきましたが、本書はそのイタリア編にあたります。

大学散歩の魅力

イタリアの魅力はさまざまです。古代ローマ帝国やルネサンス芸術を回る観光、イタリア料理、ワイン、ファッション、地中海クルーズ……。本書では、これらに加えて、「大学巡り」という新たな魅力を紹介したいと思います。

イタリアは大学発祥の地です。また科学革命発祥の地でもあり、法学発祥の地でもあります。また、イタリアの大学には旅行ガイドブックには載っていない「知のテーマパーク」があちこちにあります。ボローニャのアルキジンナジオ宮やポッジ宮、パドヴァのボー宮、ミラノの大学本部（旧マッジョーレ病院）やブレラ宮などです。こうしたアカデミックな名所を歩きながら、各都市の魅力を紹介してみたいと思います。これによってイタリアの新たな魅力を見いだすことができるでしょう。

イタリアのアカデミック街道を歩いてみませんか

イタリアほど各都市の個性が違う国もありません。ローマ、フィレンツェ、ヴェネツィア、ミラノ、ナポリ、すべての都市がまったく違った歴史を持ち、違った顔をしています。日本ではどの都市もだいたい似たり寄ったりの歴史を持ち、大学のキャンパスもだいたい同じような構造をしています。都市の個性というものがあまりありません。これに対して、イタリアでは、どの都市も他の都市と似ていません。大学も個性にあふれています。イタリアの都市や大学の個性を知ることはとても面白いエンターテインメントです。大学を散歩することによって、大学だけではなく、その都市全体の個性を味わうことができるでしょう。その意味では、本書の主人公は都市そのものといえるかもしれません。本書はそうした都市歩きの楽しさも伝えたいと思います。

本書ではイタリアの九都市を回ります（地図1）。

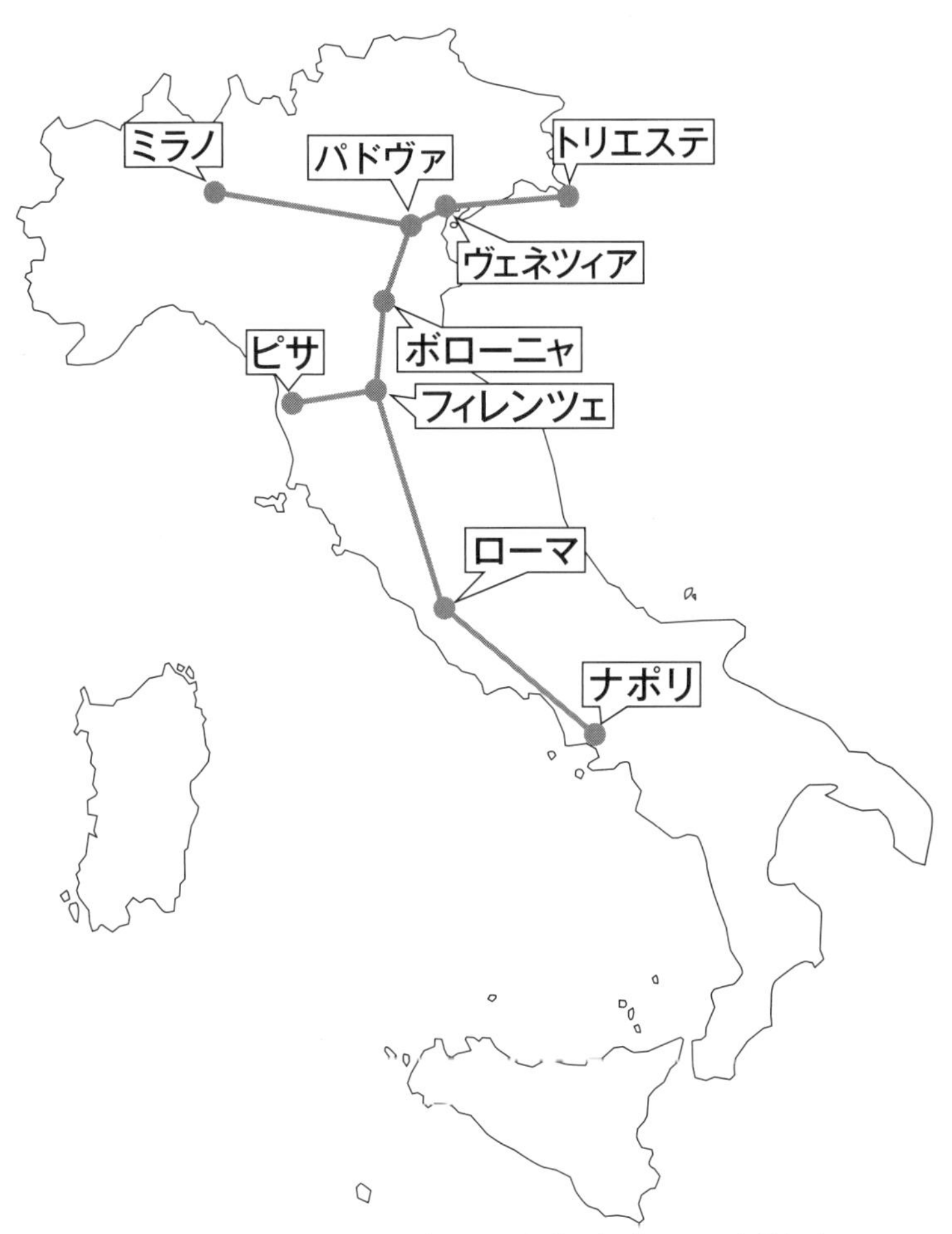

地図１　イタリア　アカデミック街道　鉄道で回る大学都市

日本から飛行機の直行便が出ているのはローマとミラノだけですが、都市の間は鉄道で簡単に回ることができます。日本の新幹線と同じように、長くても二～三時間で着きます。ローマやミラノから日帰り旅行をすることもできます。

九都市のうち、ローマ、フィレンツェ、ヴェネツィア、ミラノ、ナポリはイタリアの五大都市であり、交通の便も良好です。また、ボローニャ、ピサ、パドヴァ、トリエステは中都市であり、大都市から少し離れていますが、電車で簡単に行くことができます。

各都市を結んだ線はイタリアの「アカデミック街道」と呼んでもよいでしょう。本書はアカデミック街道を縦断しながら、各都市の学問史を訪ねる試みといえるでしょう。

イタリアの大学

イタリアは大学発祥の地です。表0‐1に示すように、最も古いのはサレルノの医学校とされますが、これはすでに消滅しています。現存する最古の大学はボローニャ大学です。この大学は法学発祥の地でもあります。

それから一世紀ほどたつと、ボローニャ大学の教員や学生が移動して、各地に大学が作られましたが、その多くはすでに消滅してしまいました。現代まで残っているのは、パドヴァ大学、シエナ大学、ナポリ大学、ローマ大学などです。これらは七〇〇年以上の歴史を持つ名門大学です。なか

表0-1　イタリアの大学の創生期

創設年	大　学
?	サレルノ医学校　（消滅）
1088年	★ボローニャ大学
1188年	レッジオ大学　（消滅）
1204年	ヴィチェンツア大学　（消滅）
1215年	アレッツォ大学　（消滅）
1222年	★パドヴァ大学
1224年	★ナポリ大学
1228年	ヴェルチェリ大学　（消滅）
1244年	★ローマ大学：教皇庁立　（吸収）
1246年	シエナ大学
1248年	ピアチェンツア大学　（消滅）
1303年	★ローマ大学：ローマ市立
1308年	ペルージア大学
1318年	トレヴィゾ大学　（消滅）
1343年	★ピサ大学
1349年	★フィレンツェ大学　（吸収）
1361年	パヴィア大学

★は本書で詳しく取りあげた大学
（出典）ラシュドール『大学の起源』

には、フィレンツェ大学のように、一度消滅して一〇世紀になって再出発した大学もあります。

イタリアの特徴は、大都市と大学街が分かれて発達したことです。フィレンツェでは、フィレンツェ大学はあまり発展せず、近郊のピサに作られたピサ大学が大きく発展しました。ついにはフィレンツェ大学はピサ大学に吸収されてしまいました。同じような関係は、ヴェネツィアとパドヴァ大学、ミラノとパヴィア大学にも見られます。ヴェネツィア大学やミラノ大学は二〇世紀になって創られた新しい大学です。ロンドンとオクスフォード大学やケンブリッジ大学との関係に似ています。

それでは、名門大学のなかったフィレンツェやヴェネツィアやミラノでは、学問や文化は発展しなかったのでしょうか。そうではありません。これらの都市では、宮廷、アカデミー、図書館、教会といった大学以外の機関において学問や文化が発展しました。その代表はフィレンツェのメディチ家の宮廷とプラトン・アカデミー、ミラノのスフォルツァ家の宮廷とダ・ヴィンチのアカデミーです。イタリアのルネサンス文化は、大学ではなく、宮廷やアカデミーにおいて発展しました。

本書では大学を中心として回りますが、文化の中心となった大学外の機関も訪ねてみることにします。

バーチャル・ツアーのすすめ

本書には写真をできるだけ入れるようにしました。これは私がデジカメで撮った拙い写真ですので、皆様にはぜひご自分の目で確かめることをお勧めします。

本書はバーチャル・ツアーにも対応しています。インターネットにより、海外旅行の疑似体験が容易になりました。ホームページは大量の情報を提供していますし、写真やパノラマビューでキャンパスのバーチャル散歩ができる大学も増えています。グーグルマップのストリート・ビューなどのサイトを利用すれば、その地の映像がすぐに見られます。

日本の大学では、大学へのアクセス法やキャンパスマップがホームページで公開されていることがほとんどですが、イタリアの大学ではまだそうした状況にありません。大きな大学でも、アクセスはグーグルマップ任せというところが多いのです。わかりやすいキャンパスマップが作られていないので、大学キャンパスを調べるためには、自分で直接現地に赴いて歩いてみるしかありません。そうしたキャンパス散策の助けとして本書をご利用いただければ幸いです。

本当に面白いことはネットには出ていない

万能のように思えるインターネットですが、必要な情報が見つからないことが意外に多いものです。ネットの検索には思ったよりも時間がかかります。何よりネット情報の最大の欠点は断片的であることです。体系的な知識の枠組みがないと、情報の羅列となってしまい、心に残りません。こうした点では、書籍という媒体のほうがはるかに優れています。

ネットに出ている情報は、誰でも知っている表面的なことに限られます。本当に面白いことはネットには出ていません。面白いことは書籍の中に隠れています。本書では多くの書籍を参照しました。大学散歩の面白さは読書の面白さに支えられています。それを発掘するのも大学散歩の面白さです。本書では読書の復権を訴えたいと思います。ネットと書籍は今後も相補的な関係を続けるでしょう。本書を利用して、ネット情報の断片性を補いながら、バーチャル・ツアーを楽しんでいただければ幸いです。

本書は、有斐閣の広報誌『書斎の窓』に一四回にわたって連載した文章に大きく加筆したものです。元書籍編集第二部の櫻井堂雄さんと『書斎の窓』の編集の大井文夫さんと的川史樹さんには、連載の機会を与えていただきました。大井さんと的川さんには、毎回拙い文章を記事に仕上げていただき、地図や写真の作成・調整など面倒な仕事を引き受けていただきました。そのおかげで、2章ボローニャの中の文章を某大学の入学試験に使っていただくなど、いろいろな反響がありました。また、書籍編集第二部の中村さやかさんと四竈佑介さんには、出版に向けて尽力いただき、すばらしい書籍に仕上げていただきました。

有斐閣のみなさまには心から感謝いたします。

二〇一五年一一月

著　者

目次

1章 ローマ

宗教と科学がせめぎ合う歴史都市

Roma

日本からの直行便もあるローマから旅を始めることにしましょう。ローマほど歴史が重層する街もありません。古代ローマ時代、中世キリスト教の時代、一二世紀ルネサンス期、盛期ルネサンス期、対抗宗教改革とバロック期、ナポレオン期、イタリア統一期、ファシズム期。それぞれの時代のアカデミックな歴史がこの街には重なっています。

ローマに行くとその華々しい歴史と美術に目が奪われてしまいがちです。しかし、アカデミックな面から見ても、ローマほど面白くて奥の深い都市はありません。こうしたアカデミックな名所を地下鉄を使って回ります。地図2をごらんください。ローマの地下鉄は、京都と同じく、東西線（A線）と南北線（B線）しかないので、とてもわかりやすいのです。

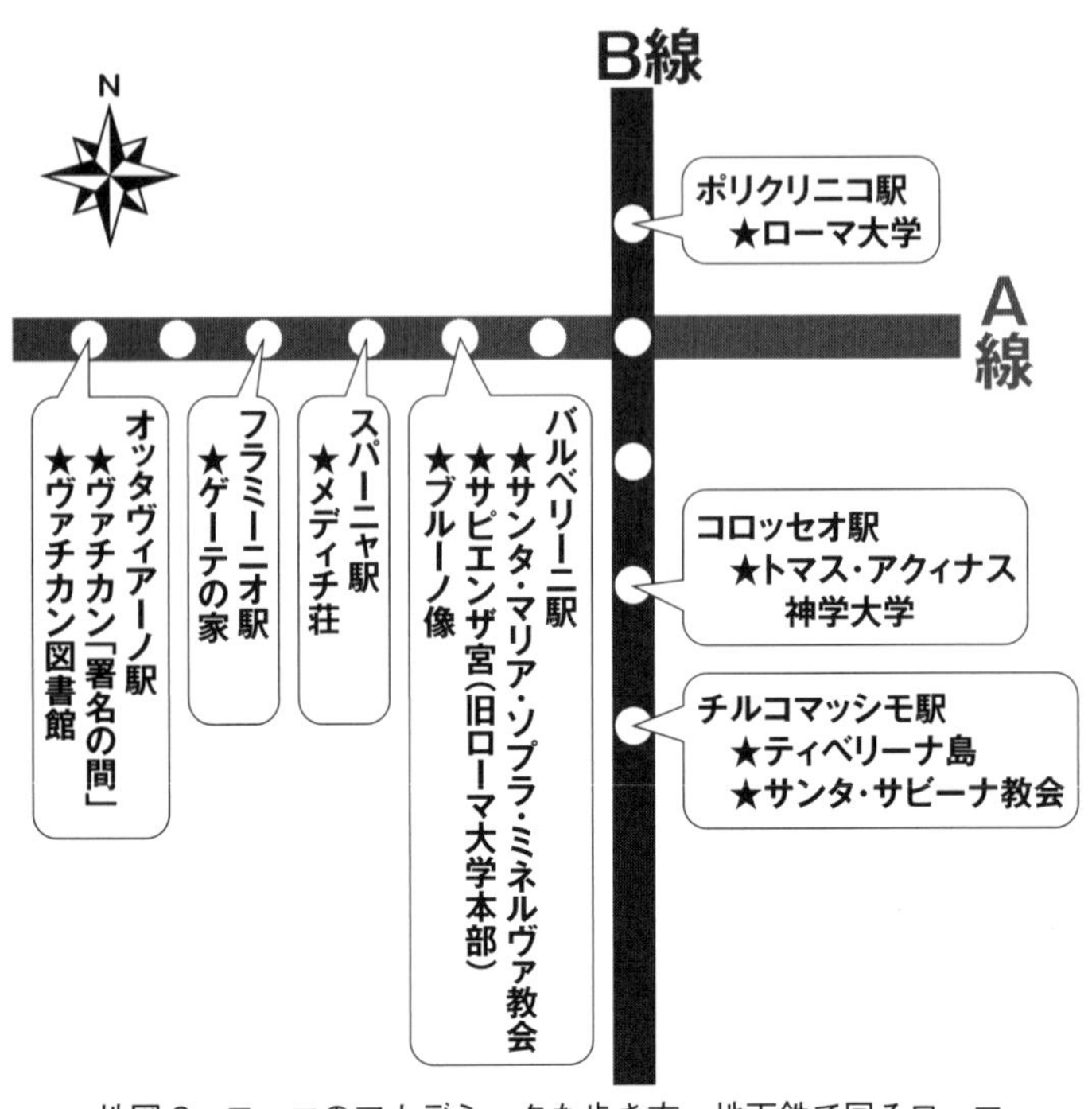

地図２　ローマのアカデミックな歩き方　地下鉄で回るローマ

ガリレオとブルーノの対照

まず、地下鉄Ａ線バルベリーニ駅から始めましょう。トレビの泉を見て、パンテオンへ向かいます。パンテオンは古代ローマ時代の二世紀に造られた巨大建築で、ほぼ完全な形で残っています。中にラファエロの墓があります。

パンテオンの裏にはサンタ・マリア・ソプラ・ミネルヴァ教会があります。この教会で、一六三三年にガリレオ・ガリレイ（一五六四～一六四二年）の宗教裁判がおこなわれました。六九歳のガリレオは、異端審問官から有罪の判決を受け、地動説が誤りであるという「異端誓絶」をおこないました。これによって命は救われましたが、フィレンツェ郊外に幽閉され、その九年後に病死しました。

この教会には、神学者聖トマス・アクィナスの礼拝堂があり、フィリッピーノ・リッピによる祭壇画にはトマス・アクィナスが描かれています。この礼拝堂には一時彼の遺骨が安置されていました。

近くにあるサピエンザ宮（写真1）には、一四世紀から一九三五年まで五〇〇年近くにわたりローマ大学の本部がありました。このためローマ大学は「サピエンザ」と通称されます。サピエンザ宮は、今は市立図書館として使われています。後述するローマ大学の巨大な現キャンパスと比べると、こんな小さな建物に大学本部が収まっていたことに驚かされます。

写真1　サピエンザ宮（旧ローマ大学本部）

近くのカンポ・ディ・フィオーリ広場には、哲学者ジョルダーノ・ブルーノ（一五四八～一六〇〇年）の銅像が建っています（写真2）。マントを深くか

写真２　カンポ・ディ・フィオーリ広場のジョルダーノ・ブルーノ像

ぶり、目だけが不気味に光り、周囲の明るさをすべて吸い取るような孤独な印象は強烈です。台座の三面には、裁判のシーンらしきレリーフが描かれています。この広場でブルーノは火刑にされました。ブルーノとガリレオはよく対比されます。ブルーノは、パドヴァ大学の数学教授のポストを狙っていましたがうまくいかず、そのポストについたのがガリレオでした。二人ともコペルニクスの地動説を支持しましたが、ブルーノは自説を撤回せず処刑され、ガリレオは転向を申し出て命を救われました。ドイツの劇作家ブレヒトは『ガリレイの生涯』（岩波文庫）でこのようなガリレオの転向を批判しています。

ガリレオが滞在したメディチ荘

宗教裁判でローマに召喚されたガリレオが滞在したのはメディチ荘です（写真3）。

地下鉄A線のスパーニャ駅のすぐ前には、観光名所のスペイン階段があります。これを上ると、双塔のトリニタ・デイ・モンティ教会があり、少し歩くとメディチ荘（ヴィラ・メディチ）の白い双

写真３　メディチ荘

塔の建物があります。メディチ家の別荘として建てられ、のちにトスカーナの大使館として使われました。ガリレオは大使館としてのメディチ荘に滞在しました。

フランス古典主義美術を育てたメディチ荘

メディチ荘は、のちにナポレオンが手に入れ、フランス・アカデミーとして使われるようになりました。フランスの芸術家にとってローマ留学は憧れであり、これを支援する「ローマ賞」が一六六三年に設けられました。これを受賞するとメディチ荘に長期間滞在して芸術に専念することが保障されました。受賞者には、画家のワトー、フラゴナール、ダヴィッド、アングルや、音楽家のベルリオーズ、ビゼー、ドビュッシーなどがいます

（河村英和『イタリア旅行』）。

また、有島武郎の弟で画家の生馬も一九〇五年頃にここで絵の勉強をしました（有島生馬「ナポリ港に入る」『思い出の我』中央公論美術出版）。しかし、あまり勉強にはならなかったとのことです。

フランス・アカデミーの館長としてメディチ荘で仕事をしたのはフランスの画家バルテュスです。ここで十年以上暮らし、内部や庭園の改装などを熱心におこないました。姪であり愛人でもあった女性が同居し、のちにバルテュスの妻となった日本人女性も住むようになります。妻妾同居の状態となり、愛人は精神のバランスを崩していきました。

メディチ荘の庭園は有名で、スペインのベラスケスも滞在し、庭園の絵を残しています。庭園は一般公開されていませんが、ガイドツアーで見学することができます。

ラファエロの最高傑作『アテネの学堂』

地下鉄A線オッタヴィアーノ駅から歩くとヴァチカン市国があります。ぜひ見ておきたいのは、学問の絵として世界で最も有名な壁画です。「署名の間」の四面にはラファエロによって学問の各領域が描かれています。東面の『アテネの学堂』は哲学を表し、南面の『枢要徳』は法学、西面の『聖体の論議』は神学、北面の『パルナッソス』は詩学を表しています。

なかでも、『アテネの学堂』には、プラトンとアリストテレスをはじめとする古代ギリシャの哲学者たちが描かれています。プラトンは天上にあるイデアを指さし、アリストテレスは手のひらを

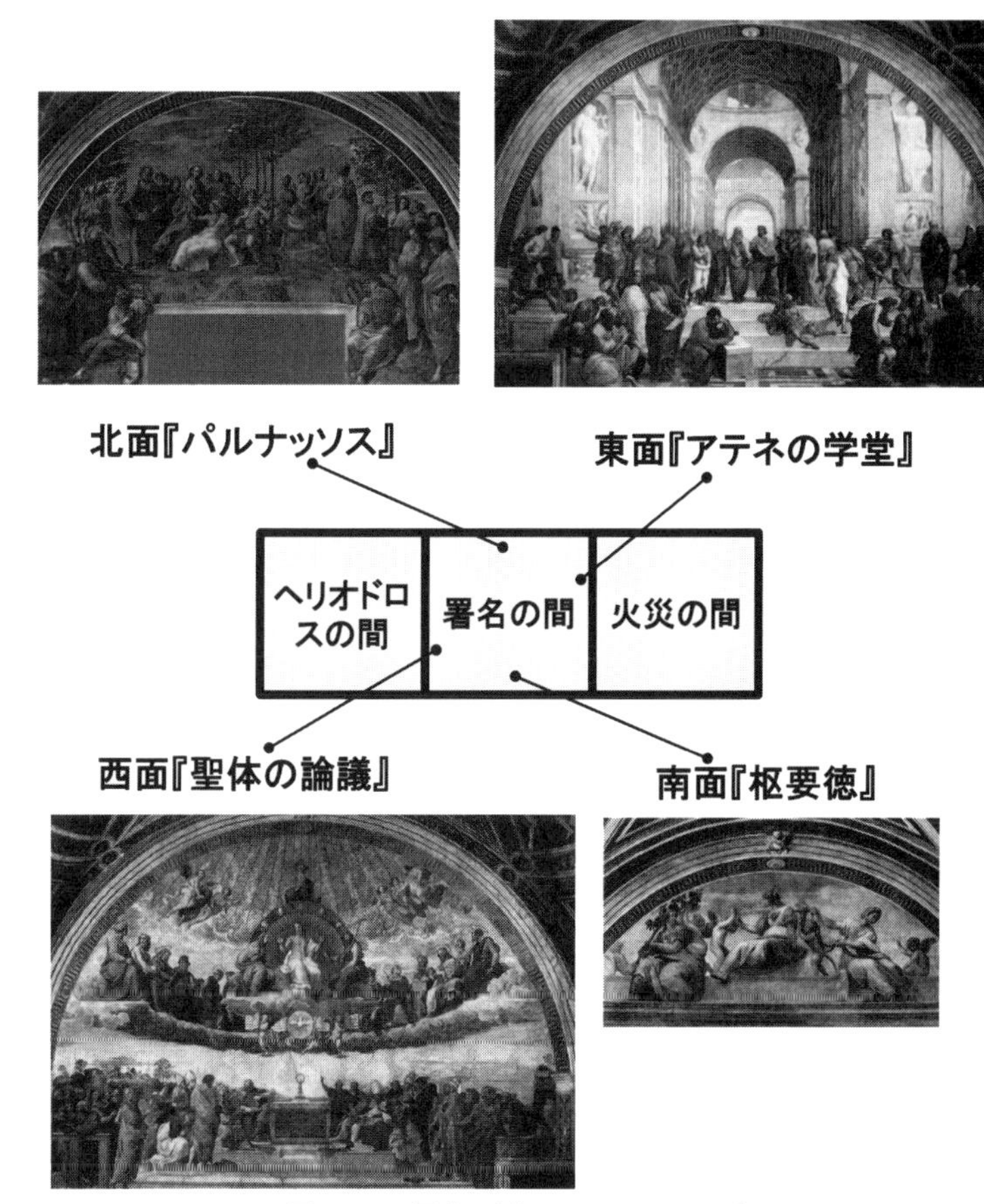

図１－１　署名の間のラファエロの壁画

『アテネの学堂』

『枢要徳』

ラファエロの壁画

『パルナッソス』

『聖体の論議』

図1-2　署名の間の

下に向けて、地上での研究を表しています。他にもユークリッドやプトレマイオスなどの哲学者が描かれています。なお、プラトンはレオナルド・ダ・ヴィンチ、ヘラクレイトスはミケランジェロ、ユークリッドはブラマンテがモデルといわれており、こうした下世話さもこの絵を有名にしています。この壁画の原寸大の下書きがミラノのアンブロジアーナ図書館（8章参照）に残っています。この壁画は哲学史やルネサンスを教えるには格好の題材となるので、世界中の大学や学校に模写が飾られています（日本では玉川大学など）。

また、神学を表す『聖体の論議』は天上と地上を二分する構成で、天上には、キリストやマリアなどの聖書の登場人物が描かれ、地上には、聖人や教皇、神学者たちが描かれています。詩学を表す『パルナッソス』は、ギリシャのパルナッソス山を舞台に、ホメロスやサッフォーなどの古代詩人九人と、ダンテやペトラルカなど同時代の詩人九人が描かれています。

これらの絵はラファエロの最高傑作であるとともに、ローマのルネサンスを代表する作品です。ギリシャの学問や宗教はキリスト教にとっては異教であり、こうした画像をローマ教皇が描かせるということはまさにルネサンスの特徴を表しています。また9章に登場するグラディーヴァの浮き彫りはヴァチカン美術館の中にあります。

他に、ヴァチカンのアカデミックな名所としては、一五世紀から営々と続くヴァチカン図書館や、一六〇三年に創設されガリレオも会員となったリンチェイ・アカデミーを継承するローマ教皇庁科学アカデミーなどがあります。

地獄に堕ちた教皇による大学創設

地下鉄B線のポリクリニコ駅にはローマ大学があります。学生数一二万人のマンモス大学です。ローマ大学には二つの起源があります（ラシュドール『大学の起源』）。ひとつは一二四四年にローマの教皇庁によって創られた大学です。これはボローニャ大学のような学生組織ではなく、教皇庁によって設立・運営されました。しかし、この大学は、一三〇九年の教皇庁のアヴィニョン遷都とともに移動し、それに続く教会大分裂（一三七八～一四一七年）によって力が弱まりました。

もうひとつの起源は、一三〇三年に教皇ボニファティウス八世によって創設されたローマ市の大学です。こちらはボローニャ大学のように学生組織によって運営されました。ボニファティウス八世は政治的エピソードの多い人で、大学創設の年に、フランス王と対立して幽閉され、憤死しました（アナーニ事件）。彼の前任の教皇ケレスティヌス五世は在位五カ月で教皇職を辞任しましたが、噂では、その椅子を狙うボニファティウス八世が前任者の寝室に伝声管をとりつけ、毎夜「辞任せよ、さもなくば地獄の火に焼かれるであろう」という超自然を模した声を送り続けたともいわれています（堀田善衛『聖者の行進』）。これによりケレスティヌス五世は不眠となって教皇職を辞任し、ボニファティウス八世が教皇に選ばれたという逸話が残っています。

さらに、彼はフィレンツェの内紛に介入し、その結果、ダンテがフィレンツェから追放されました。この恨みからダンテは、『神曲』において、ボニファティウス八世を実名で登場させ、地獄で逆さまに生き埋めにされて、足を燃やされるだろうと予言しています。『神曲』は、ダンテの私怨のある有名人を地獄に堕として苦しませるというスキャンダル集でもあるのです。

一方で、文化面での評価は高く、マックスウェル・スチュアートの『ローマ教皇歴代誌』によると、「ボニファティウス八世はのちのルネサンス時代の教皇を彷彿させるところがあります。学問に関心が深く、ヴァティカンの公文書保管庫を改造して、蔵書目録を作らせた。さらに、一三〇三年にローマ大学を創設し、ジオットを初めとする画家や彫刻家の庇護者」となったということです。

ローマ大学・大学都市キャンパス

はじめローマ大学は自分たちの教室を持ちませんでしたが、しだいに前述のサピエンザ宮を本部とするようになりました。一六世紀前半にローマはルネサンス期を迎え、メディチ家出身の教皇レオ一〇世の時代に、サピエンザの大学は多くの有名人が教授を務めました。

イタリアが統一され、一八七〇年にローマがイタリアの首都になると、ローマ大学は、教皇庁から独立して、国立大学となりました。一九三五年から現在の大学都市キャンパスに移転しました。

シェンツェ通り（サイエンス通り）の巨大な正門を入り、まっすぐ進むとミネルヴァ広場がありま

写真４　ローマ大学　ミネルヴァ像と大学本部

す。中央の池の後ろに、知恵の女神ミネルヴァの巨大な像が立っています（写真４）。正面が壮大な神殿風の大学本部です。正面の階段を上り、後ろをふりかえると、正門から続く壮大な空間を見渡すことができます。正面の建物の両翼のビルには、巨大な馬と人のレリーフが彫られています。

本部の裏の広場には、やしの木が植えてあり、熱帯にいるような雰囲気になります。正面には図書館があります。

正門から入ってすぐ北には、巨大な教会があります。ドーム型の変わった建物で、正面にはキリストのユーモラスな像が描かれています。キャンパスの南には広い植物園があります。

医学史博物館

大学の北側は大学病院（ウンベルト一世総合病院）です。中の精神科病院は、イタリア初の女性医師で幼児教育のモンテッソーリ法を開発したマリア・モンテッソーリが勤めていたところです。

ローマ大学は二一の博物館を持っています。ウニベルシタ通りには、医学史博物館があります。面白いのは地下室です。最初の部屋は、中世の町角や薬屋の内部が再現してあり、床屋外科の三色のポール（今の日本の床屋のポールと同じ）があります。昔の医学部の講義室が再現されている部屋もあります。中世の練金術師の部屋もあります。ワニの死体とか、いろいろな生き物の死骸とか、あらゆるガラクタが並べられています。

医療の起源となった中洲

地下鉄B線チルコマッシモ駅で降りて、古代ローマの競技場チルコマッシモを西に通り抜けると、「真実の口」で有名なサンタ・マリア・イン・コスメディン教会があります。その西にテヴェレ川にかかるパラティーノ橋があります。橋を渡る時に、北側に橋の廃墟が見えます。一六世紀に洪水で流された橋の残骸がそのまま残っているのです。この壊れた橋（ポンテ・ロット）の景観は一見の価値があります。

パラティーノ橋から、北側に中洲のティベリーナ島が見えます。この島はローマの医療の起源とされています。紀元前三世紀にローマで疫病がはやった時に、ローマ人は、ギリシャの医学の神であるアスクレピオスの加護を求めて、ギリシャに使いを出しました。のちに帰ってきた船から蛇がはい出して、このティベリーナ島にもぐりこみました。アスクレピオスの杖には蛇が巻きついており、医術のシンボルとされます。そこで、この中洲に、医学の神アスクレピオス神殿が建てられました。また、ティベリーナ島は、その船の形に作られています。病の回復を願う人々は、この島に来て祈りを捧げました。今でも島の中央には教会（聖バルトロメオ教会）が建っており、アスクレピオス神殿時代に使われた井戸が残っています。

一六世紀に入ると、この中洲にファーテベネフラテッリ病院が建てられました。パリのシテ島のオテル・デュー病院や、大阪の中之島にあった大阪大学病院（緒方洪庵の適塾も中之島のはとりにありました）など、川の中洲に病院が建てられることが多いのは、疾病の感染を防止するためでしょう。

「天使のような博士」トマス・アクィナスの神学大学

パラティーノ橋に戻り、川岸を南に下ると、サンタ・サビーナ教会があります。

一二二二年にここにドメニコ会の修道院が造られました。一二六五年にはトマス・アクィナス（一二二五～一二七四年）がやってきて、神学学校を創設しました。今でもこの教会の修道院には、トマスが使った食堂があります。トマスの神学学校は発展し、前述のサンタ・マリア・ソプラ・ミ

写真５　トマス・アクィナス神学大学の中庭

ネルヴァ教会にもうひとつのキャンパスができました。

トマス・アクィナスは、ナポリ近郊生まれの神学者で、『神学大全』を書いて、キリスト教とアリストテレス哲学を統合し、「スコラ哲学」を完成させました。

また、地下鉄Ｂ線のコロッセオ駅で降りると、すぐ前にコロッセオやフォロ・ロマーノ、パラティーノの丘といった古代ローマ時代の考古学遺跡（世界遺産）が並びます。近くのパニスペルナ通りにトマス・アクィナス神学大学があります。サンタ・サビーナ教会に創られたトマス・アクィナスの神学学校がもとになって、一九六三年にローマの教皇庁立の大学となりました。一九二七年から、ドメニコ会の修道院を改装して、現在のキャンパスに移りました。この大学は「アンジェリクム」と通称されますが、これはトマス・アクィナスが天使のような博士（Doctor Angelicus）と呼ばれたことに由来します。

この大学で国際学会が開かれましたので、中を見る機会に恵まれました。正門の正面には、巨大な霊廟のような建物があります。いかにもローマの中世的な建物であり、この大学の目印になっています。中庭は、中世の教会の雰囲気です（写真5）。奥には、広い庭園があります。幾何学的配置のイタリア式庭園です。像があちこちにあり、キリスト教の宗教的な象徴が散りばめられています。庭からローマの市街を下に見渡せます。キャンパスでは、ふつうの格好をした学生に混じって、僧服や尼僧の服を着た学生の姿が目立ちました。この大学の卒業生として有名なのは、前の教皇ヨハネ・パウロ二世（一九二〇〜二〇〇五年）です。

●スコラ哲学は知性を抑圧したのか、促進したのか

ローマは古代からキリスト教の中心地であったため、ルネサンス以降は、科学や学問を弾圧する側に回らざるをえませんでした。その犠牲となったのが、ガリレオやブルーノやカンパネッラたちでした。

トマス・アクィナスが体系化したスコラ哲学は、カトリック教会の公式神学であり、中世暗黒時代の産物と思われがちです。スコラ哲学を壊すことから、近代の哲学や科学が始まったのだ、とこ

れまでは考えられてきました。

しかし、一二世紀ルネサンスの研究によって考え方は変わってきました（伊東俊太郎『十二世紀ルネサンス』）。ゲルマン民族の侵入によってギリシャ哲学が西欧から一掃され、中世の暗黒時代が訪れました。その一方で、ギリシャ哲学はイスラム圏に伝わり高度な学問として発展しました。その後、一二世紀ルネサンスによって、イスラム圏のギリシャ哲学がヨーロッパに逆輸入されます。これによって、トマス・アクィナスはアリストテレス哲学を吸収しスコラ哲学を確立することができたのです。スコラ哲学は中世の大学の中心科目となりました。近代の学問や哲学は実はスコラ哲学から始まったのでした。しかし、当時の大学は教会の附属機関でしたので、教会が科学を弾圧した際には、大学は科学を擁護しませんでした。その犠牲となったのがガリレオたちだったのです。その後、実在論から唯名論に至るスコラ哲学の進展によって、哲学は神学から独立し、大学は新しい学問や科学の推進者となりました。大学は、スコラ哲学があったからこそ教会に守られて存続できましたし、スコラ哲学があったからこそ教会から独立することもできたのです。

ローマのアカデミックな名所には、科学の母胎となりつつも科学を排斥した不幸な歴史が塗り込められています。

2章 ボローニャ

一度は行ってみたい大学発祥の地

Bologna

ボローニャ大学は世界最初の大学という栄誉に輝いています。初期のボローニャ大学は、学生によって経営され、教師は学生に雇われていました。現代の大学を考える上でも参考になります。また、ボローニャは法学の発祥の地でもあります。大学にかかわりのある方なら一度はボローニャに足を運んでいただけると、強く興味を惹かれることでしょう。

ボローニャまでは高速列車ユーロスターでローマから二時間強、ミラノからは一時間半で着きますので、日帰りもできます。ボローニャの街は、地図3に示すように、六角形の環状道路に囲まれています。六角形は半径一キロメートルほどなので、歩いて回れる大きさです。

以下では、ボローニャ大学の歴史を四つに分け、ザッカニーニ『中世イタリアの大学生活』や児玉善仁『イタリアの中世大学』を参考に、それぞれの時期について散策してみましょう。

第一期は、一一世紀の発生から一五六三年までであり、大学としての建物を持たなかった中世の

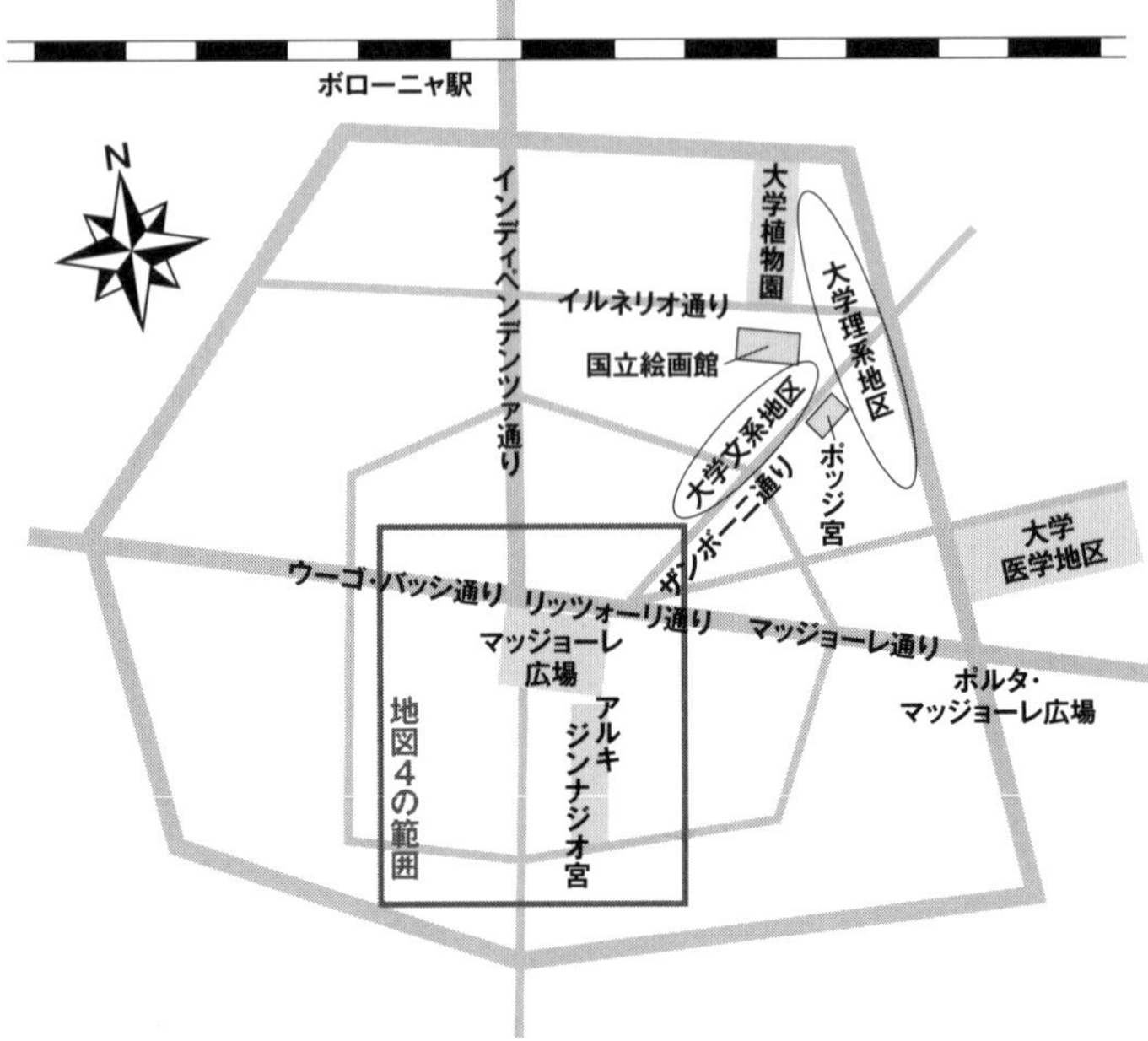

地図3　ボローニャのアカデミックな歩き方

時代です。

第二期は、一五六三年にアルキジンナジオ宮という大学本部を持ってから、一八〇三年に移動するまでの近世の時代です。

第三期は、一八〇三年に大学本部がポッジ宮に移動してから一九〇〇年頃までの近代です。

第四期は、二〇世紀以降の現代です。

第一期　建物を持たなかった中世の時代

建物を持たなかった創生期

ボローニャ中央駅から、インディペンデンツァ通りを南に一キロメートルほど歩くと、街の中心マッジョーレ広場に着きます

地図4　ボローニャ中心街と初期の大学

（地図4参照）。マッジョーレ広場は、三方を市庁舎、聖ペテロニオ教会、ポデスタ宮に囲まれ、有名なネプチューンの噴水などもあり、ボローニャ観光の中心となっています。

ボローニャ大学ができたのは、大学のホームページによると一〇八八年です。九〇〇年以上の歴史を持っています。できた当時は、大学としての建物がなく、マッジョーレ広場の周辺に教室や学生宿舎が散在していました。

法学発祥の地ボローニャ

ボローニャ大学の起源はイルネリウスという法学者にさかのぼります。イルネリウスは、一一世紀後半に、ボローニャにおいて法学の基礎を築きました。古代ローマの市民法を再編し、『市民法大全』を完成させました。イルネリウスの流れをくむ法学者は「注釈学派」と呼ばれました。

ボローニャで法学を学ぶために、ヨーロッパ中から学生が集まりました。法学の教師は、それぞれ自分の小さな教室を持ち、学生を集めて授業をしました。学生は、師を選び、お金を払って授業を受けました。

学生の多くは外国から来ていて、弱い立場にあったため、自分たちの権利を守るために、同郷の学生と組んで「国民団」を作るようになりました。さらに、各国の国民団が集まって、「大学団（ウニヴェルシタス）」を結成しました。これが大学（ウニヴェルシタ）という言葉の起源です。大学は自然発生的にできあがったのでした。

学生中心の大学――学長は学生が務めた

ボローニャ大学は、教師ではなく、学生が主導権を握っていました。学長は学頭（レクトール）と呼ばれ、学生が務めました。学頭は、誠実で品行方正で、特別に忍耐強く、二五歳以上の聖職者から選ばれました。当時の学生は、すでに聖職者や教師であることもよくありました。今でいう「社会人学生」です。学頭は、大学団の運営に責任を持ち、学生から授業料を徴収し、教師を任命し、教師に給料を払いました。学頭は、争いごとがあると、裁判をする権利を持っており、武器の

表2－1　学生中心のボローニャ大学，教師中心のパリ大学

	ボローニャ大学	パリ大学
起　源	私塾の法学校	教会学校
学　問	法学が中心	神学が中心
	（世俗の学問）	（聖なる学問）
大学組織	学生が主体	教師が主体
	学生の団体から発展	教師の団体から発展
	学長は学生	学長は教師

携帯も認められていました。一方、教師は、学生との授業の契約をしっかり守らなければならず、破ると厳しい罰則を受けました。

ボローニャ大学の特徴は、それよりやや遅れて発生したパリ大学と比べると明確になります（表2－1参照）。

起源と学問についていうと、パリ大学では教会学校を起源としており、聖なる学問（神学）が中心だったのに対して、ボローニャ大学では私塾の法学校を起源としており、世俗の学問（法学）が中心でした。この点ではボローニャ大学のほうが現代に近いといえます。

また、大学組織についてみると、パリ大学が教師の組合から発展し、教師が主体であったのに対し、ボローニャ大学は学生の組合から発展し、学生が主体でした。こうした学生中心の形態は、現代の大学を考える上でも大いに参考になるでしょう。

地獄に堕とされた法学教授

マッジョーレ広場の西側にある市庁舎は、時計台のある立派な建

写真6　市庁舎（昔は法学教授アックルシウスの家だった）

物であり、観光名所です。この建物は、ボローニャ大学教授で注釈学派の代表的な法学者であったアックルシウス（一一八二～一二六三年）の住居でした。彼は、たくさんの農園を所有して裕福な生活を送ったそうです。当時の大学教師のなかには、書籍出版や薬種店経営など、商売で大儲けをする者もいました。アックルシウス家の屋敷は「アックルシウス宮」と呼ばれ、それが現在では市庁舎として使われているのです（写真6）。

アックルシウスの息子のうち三人は法学教授になりました。そのうち、フランチェスコ・アックルシウス（一二二五～一二九三年）は、教授として活躍しましたが、政治家としても有名です。彼は、英国王エドワード一世の顧問に任命され、オクスフォード大学で法学の講義をしました。

当時の大学教師は、学生を「友」と呼んで丁重に扱いました。学生の授業料が生活の糧になるからです。最初の一五日間は授業料を払わずに試しに出席することもできましたし、その教師の授業に満足できなかったら、別の教師の授業に移ることもできました。教師が自宅で学生の面倒をみたり、金に困った学生に用立てすることも珍しくありませんでした。

しかし、なかには、フランチェスコ・アックルシウスのように、学生を相手に金貸しをして儲けたりする教師もいました。フランチェスコは、ダンテの『神曲』にも登場します。学識が高いからではなく、学生相手の同性愛によって地獄に堕とされた学者として登場するのです。

写真７　聖ドメニコ教会（塔の上に立つのは聖ドメニコの像）

法学教授の棺

さらに法学発祥の地を歩いてみましょう。マッジョーレ広場の南のほうに、聖ドメニコ教会があります。この教会の周辺には、当時、法学の教師が多く住んでいました。教師たちは、自宅や貸間を教室として授業をおこないました。始業式や大きな集会があると、この聖ドメニコ教会を利用しました。

聖ドメニコ教会は、写真７のように、

写真８　法学教授の棺を収めるモニュメント（聖ドメニコ教会）

正面のバラ窓が美しいロマネスク様式の建物です。

教会の中に入ってみましょう。バロック様式の内装で、絵画や彫刻で埋め尽くされています。美しい中庭があり、小さな美術館も併設されています。作家井上ひさしは『ボローニャ紀行』の中で、この教会の名物を四つ紹介しています。聖ドメニコの頭蓋骨、ミケランジェロの彫刻、モーツァルトが弾いたオルガン、学者の石棺です。

教会の前の広場には、ボローニャ大学の法学教授の棺を収めるモニュメントが立っています。ひとつはローランディーノ・パッセッジェーリ（一二一五～一三〇〇年）の石棺です（写真8）。彼は、『公証術大全』を著した公証術の教授でした。写真では見えにくいのですが、中の棺には、学生たちに教えている彼の姿が描かれています。

聖ドメニコ教会の北にあるファリーニ通りは、今は高級ブランド店が並ぶ商店街ですが、一三〜一四世紀には、書籍商、製本商、羊皮紙商などの店が並んでいました。

当時の大学においては、書籍はとりわけ大きな意味を持っていました。大学で教える内容は、書籍という形で決められていたからです。たとえば、教師は、市民法の『A』という書籍を一年間できっちり教えることが義務づけられていました。進み方が速すぎても遅すぎても罰を受けました。

当時の書籍はとても高く、家一軒以上の値段でした。大学は書籍の管理を厳しくおこないました。当時の書籍は手書きの写本だったので、写し間違いがたくさんありました。そこで、大学は、書籍商を査察し、写し間違いがないかどうかの検閲をおこないました。買えない学生は、原本を借り出し、羊皮紙を買って、自分の手で写しました。

また、大学は、教科書を学生に提供するために、書籍商を指定しました。この指定書籍商は、教科書をつねに揃え、学生の求めに応じてそれを提供する義務がありました。現代の教科書会社や大学出版会の役割を果たしていたわけです。

遅れてきた学問——医学とリベラルアーツ

市庁舎の西にはルーズベルト広場があり、その西側にポルタ・ノヴァ通りがあります。この通りには、昔、学生相手の下宿や宿屋が並んでおり、学生たちで溢れていました。

ポルタ・ノヴァ通りの突き当たりにあるのが聖フランチェスコ教会です。前述のように、法学が聖ドメニコ教会を中心としたのに対して、聖フランチェスコ教会の一帯には、医学や教養諸学の教室が集まっていました。ボローニャ大学は、法学校から出発しましたが、のちに医学や教養諸学も実力をつけるようになり、これらの教師が教室を開いたのです。教養諸学とは、いわゆるリベラルアーツ（自由学芸）のことで、文法学・修辞学・弁証術の三学と、算術学・幾何学・天文学・音楽の四科を合わせた七つの学問のことです。リベラルアーツという言葉は現代の大学にも伝わっています。

時間どおりに授業をしないと罰金

マッジョーレ広場からインディペンデンツァ通りを北へ少し行くと、聖ピエトロ教会があります。ボローニャ大学の学位授与試験は、この教会でおこなわれました。また、この教会が鳴らす鐘は「学校の鐘」と呼ばれ、大学の授業開始の合図とされていました。鐘は、一時課（午前六時）、三時課（午前九時）、六時課（真昼）、九時課（午後三時）、晩課（午後六時）、終課（午後九時）に鳴らされました。午前の講義は一時課と三時課、午後の講義は九時課に始められました。学生との取り決めで、講義は鐘の音で始まり、鐘の音で終わらなければならず、守らないと罰金を払わなければなりませんでした。朝六時きっかりに授業を始めなければならない教授の苦労は大変なものだったでしょう。

第二期　アルキジンナジオ宮と近世のボローニャ大学

アルキジンナジオ宮ができたワケ

驚くべきことに、ボローニャ大学は、発生から五〇〇年ほどは正式の校舎を持たず、授業は教員の自宅や貸間や教会でおこなわれていました。大学とは純粋な人的組織だったのです。正式の校舎であるアルキジンナジオ宮を大学が持ったのは、ようやく一五六三年のことでした。アルキジンナジオとは、ラテン語で「主たる学校（ジムナジウム）」という意味です。

これには歴史的な事情があります。ボローニャは独立した都市国家でしたが、一五〇六年にローマ教皇によって占領されました。一六世紀になると、ヨーロッパで宗教改革が起こり、ローマカトリックは「対抗宗教改革」の運動を起こしました。ローマ教皇領内の大学を強化し、その一環としてボローニャ大学の校舎建設を後押ししたのです。

アルキジンナジオ宮はマッジョーレ広場の少し南にあります。この建物は、地図5に示すように、南北に一五〇メートルも続く長いものです。通りに面して商店が並んでいます。通りと建物の間は、ボローニャ名物の柱廊（ポルティコ）になっています。通りの側には三〇個のアーチが並んでいま

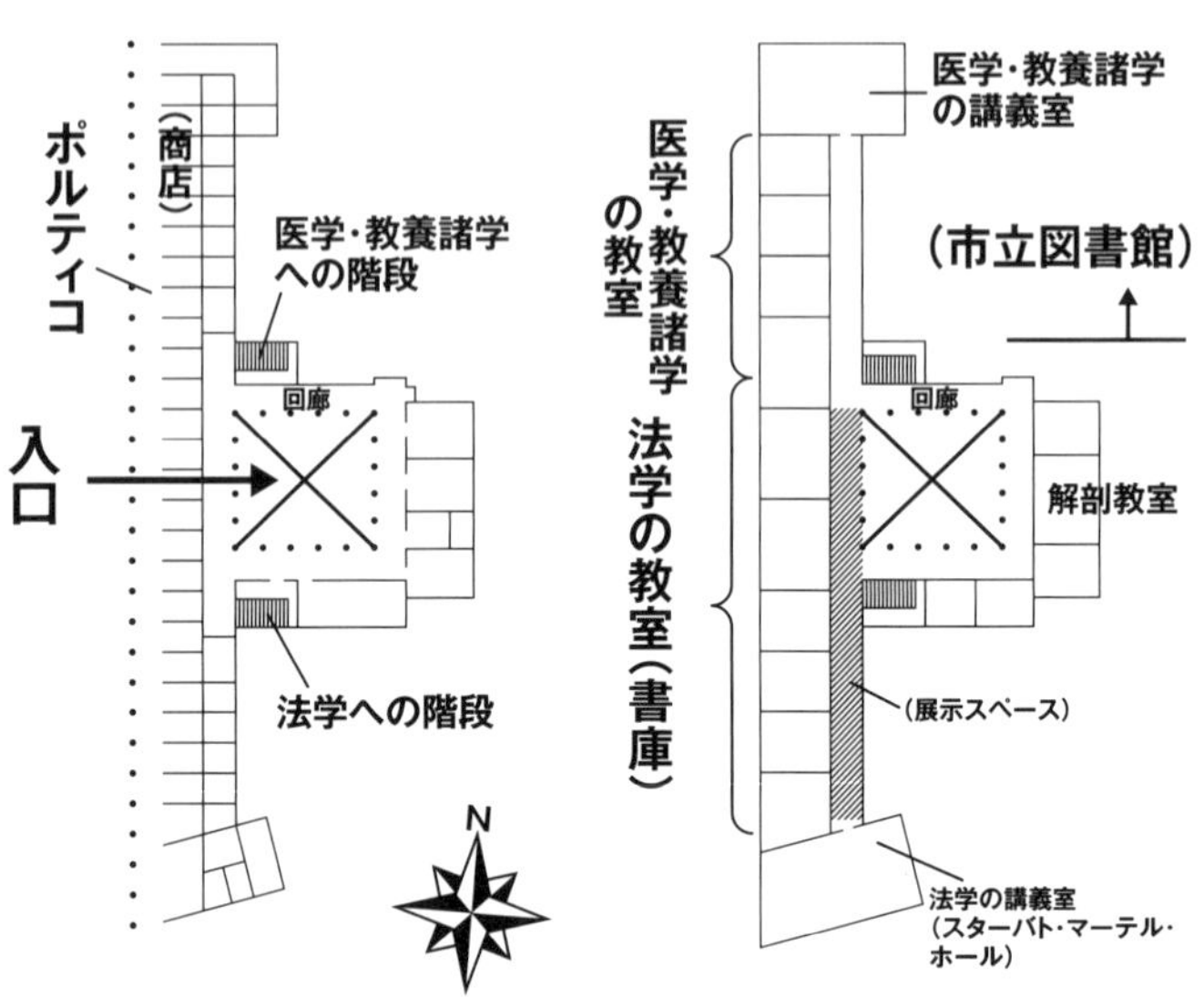

（　）内は現在の状態を示す
（出典）　横尾荘英　『ヨーロッパ大学都市への旅』
地図５　アルキジンナジオ宮の内部

す（地図5の左側の点で表された部分）。

●アルキジンナジオ宮の中を歩く

アルキジンナジオ宮の中は博物館として公開されています（入場無料）。入口は建物のちょうど真ん中にありますが、小さくて目立ちません。入口のアーチをくぐると、二階分吹き抜けの中庭になっています。正面に時計台の塔があります。中庭の周りは、アーチで囲まれた回廊になっており、一周できます。当時この中庭では大学の行事がおこなわれました。

アルキジンナジオ宮の中を歩いて驚くことは、廊下や階段の壁や天井がおびただしい装飾で覆われていることです。宗教画や肖像画、記念碑などが所狭しと飾

写真9　アルキジンナジオ宮の学生の紋章

られています。なかでも目立つのは紋章の盾です（写真9）。この大学の学生が、自分の名前や家族名や出身地を入れた盾であり、六〇〇〇個もあります。

回廊の両側に階段があります。南側は法学の学生が使い、北側は医学・教養諸学の学生が使っていました。二階に上がると、吹き抜けの周りは回廊であり、ここから一階の中庭を見下ろすことができます。回廊の東側に解剖教室があります（後述）。

二階には教室が一〇室並んでいました。南の三分の二は法学、北三分の一は医学・教養諸学が使っていました。この割合を見ても、法学の勢力がいかに強かったかがわかります。これらは現在、書庫として使われているため、中の見学はできません。

教室の両端には大きな講義室がありました。南側は法学、北側は医学・教養諸学の講義室でした。南端の講義室は、現在、スターバト・マーテル・ホールと呼ばれるイベントホールになっています。スターバト・マーテルとは、キリスト教の聖歌「悲しみの聖母」に作曲家ロッシーニが曲をつけた作品です。一八四二年にここで最初に演奏されたことを記念して名づけられました。ロッシーニは当時ボローニャで隠居生活を送っていました。

スターバト・マーテル・ホールに続く廊下は、現在、大学の歴史の展示スペース（博物館スペース）になっており、大学の資料や書籍などが展示されています。

二階の北側は、一八三八年から現在まで、市立図書館として利用されており、市民が多く出入りしています。二階の回廊の周りには、自動販売機やロッカーやトイレなどがあります。

解剖の授業は身についたか？

アルキジンナジオ宮の名物は解剖教室です。この部屋は、一六三七年に、ボローニャの芸術家アントニオ・レヴァンティによって作られました。第二次世界大戦の爆撃によって破壊されましたが、戦後に復元されました。

部屋の中には自由に入れます（写真10）。こじんまりとした部屋であり、壁や床は木製です。部屋の真ん中に、細長い解剖スペースの囲いがあります。その真ん中には、死体を置くための大理石の

写真10　アルキジンナジオ宮の解剖教室

白い板があります。その周りに、学生が座る椅子が階段状に並んでいます。

部屋の正面には講壇があり、ここに立って教師が本を読み上げました。解剖台で実際の腑分けをおこなうのは助手でした（助手を務めたのはおもに理髪師でした）。学生は遠くから眺めるだけで、部屋が暗いため、あまりよく見ることはできませんでした。この点では、パドヴァ大学の解剖教室（6章参照）のほうがずっと効率的でした。しかも、当時は死体を保存する技術がなく、解剖は冬におこなわれましたので、寒さのため学生は集中することができませんでした。

講壇の上には天蓋があり、それを二体の像が支えています。写真10の左隅に一体が見えます。この像は皮膚を剝がされた筋肉と血管だけの人体であり、蠟細工師エルコレ・レッリによる作品です。

周りの壁には、ヒポクラテスやモンディーノ・デ・ルッツィ（ボローニャ大学の解剖学の祖）など、一二人の偉大な医学者の全身像が飾られています。写真10には、そのうち三体が写っています。右端で書物を手に抱えているのはガレノスです。

第三期　ポッジ宮と近代のボローニャ大学

写真11　ポッジ宮
（左側がザンボーニ通りの柱廊〔ポルティコ〕）

ナポレオン改革による大学の移転

ナポレオン支配下の一八〇三年に、ボローニャ大学の本部はポッジ宮に移りました。地図3に示すように、ポッジ宮はザンボーニ通りにあります（写真11）。

ポッジ宮は、ポッジ家の邸宅として一六世紀に建てられましたが、一七一一年からは科学研究所として使われていました。この研究所は、ボローニャ生まれの軍人で科学者でもあったルイージ・マルシーリによって設立されたもので、市民に科学を体験してもらい科学を普及させることを目的としていました。一七八六年にここを訪ねたゲーテは、「厳粛な外観を持っている」と賛美しています。ゲーテが訪れた当時、この建物には、科学アカデミー、図書館、天文台、解剖室、博物標本室、美術学校、植物園などが入っており、まさに学術や科学の第一線でした。市民による科学啓蒙の最前線にあったポッジ宮は、ローマ教皇の支配から脱したい大学の移転先としてぴったりでした。

知のテーマパークとしてのポッジ宮博物館

ポッジ宮の見ものは大学博物館です。知のテーマパークとでも呼ぶべきであり、一見の価値があります（入場無料）。

二階の入口から順路に沿って進むと、次から次へといろいろな博物館があらわれ、いつまでたっても見終わりません。博物学者アルドロヴァンディの収集にもとづく自然史博物館、ボローニャ大学の教授だった物理学者ガルヴァーニを紹介する物理化学博物館、前述のマルシーリの収集にもとづく軍事建築博物館や地理学・海洋科学博物館、科学研究所の図書館などです。部屋の天井は、一六世紀から収集された絵画やレリーフでびっしり覆われています。

何といっても圧巻なのは解剖学・産科学博物館です。人間の部位や内臓が蠟模型（ワックスモデル）でリアルに作られています。一八世紀のボローニャ大学は解剖学の蠟模型の最前線であり、多くの蠟細工師が活躍しました。前述のレッリは、美術アカデミーと科学研究所の会員を同時に務め、彼の蠟模型は芸術と科学の両方から賞賛されました。

ヴィーナスの死体――解剖学の蠟模型師の系譜

レッリの弟子であったジョヴァンニ・マンゾリーニは、みずから解剖学校を作るほど、蠟模型に打ち込みました。夫から技術を教わった妻のアンナは、夫の解剖学校で講義や実演をしました。夫妻の蠟模型はヨーロッパ中の解剖学者と芸術家から賞賛されました。ジョヴァンニは、ボローニャ大学の解剖学の教授となり、彼の死後はアンナが解剖学の教授になりました。アンナは、ヨーロッパの王室から引っ張りだことなりました。ポッジ宮には、アンナが作った自分と夫の蠟人形があります。アンナは人間の脳を解剖しており、夫は心臓を解剖しています。

次に活躍したのはクレメンテ・スシーニです。彼の蠟模型のレプリカがポッジ宮に展示されています。若い全裸の女性が恍惚とした表情で死の瞬間を迎えつつあります。ヴェネリーナ（リトル・ヴィーナス）と呼ばれるこの女性の胸と腹は、蓋のように取りはずすことができ、中の内臓が見えています。内臓は一層一層取りはずすことができます。模型を使って解剖をシミュレートできるように作られているのです。外観はまるで生きている女性なのに、内臓のグロテスクさとの落差に少なからぬショックを受けます。

第四期　現代のボローニャ大学

一八六〇年にイタリアが統一されると、大学教育が普及しました。ボローニャ大学も大きくなり、ポッジ宮の周りの建物を吸収しました。現在は、学生数一〇万人のマンモス大学です。キャンパスは①文系地区、②理系地区、③医学地区、④農学地区などに分かれます。以下では、①〜③を散歩してみましょう。

●ウンベルト・エーコがいた大学

文系の学部は、地図3に示すように、ザンボーニ通りに面して集まっています。ポッジ宮の向かいに経済学部があり、通りに面した窓から、授業中の階段教室が見えます。その近くには法学部や哲学科や言語学科があります。

この大学の教授には、詩人カルドゥッチや哲学者エーコがいました。ジョズエ・カルドゥッチはノーベル文学賞を受賞した詩人で、ポッジ宮の一階には彼が四〇年間講義をした記念の教室があります。ウンベルト・エーコは、記号論の著書のほかに、『薔薇の名前』や『フーコーの振り子』などの小説でも知られています。

マンモス大学の理系キャンパス

ポッジ宮の東側に、数学や物理学などの理系学部が集まっています。その北側にイルネリオ通りがあります。前述のように、通りの名を冠されているイルネリウスは法学の祖とされる学者です。イルネリオ通りには、一五六八年設立の大学植物園があり、敷地内に大学の植物学科があります。植物園の周りには、薬学部や生理学科、心理学部、教育学部があります。植物園とポッジ宮の間に、ボローニャ派のルネサンス絵画で知られる国立絵画館があります。

また、地図3に示すように、理系地区から環状道路を南に行くと、医学地区があります。西側の聖オルソーラ病院地区と、東側のマルピーギ病院地区に分かれます。後者の名前になっているマルチェロ・マルピーギ（一六二八～一六九四年）はボローニャ大学の解剖学者で、顕微鏡を用いて、毛細血管が動脈と静脈をつないでいることなど多くの発見をし、顕微鏡解剖学の祖と呼ばれます。マルピーギが活躍した一七世紀は、ボローニャ大学の医学の黄金時代と呼ばれたのです。

以上のように、ボローニャには中世からの大学の歴史があちこちに残っており、それがこの街の散歩の大きな魅力になっています。

3章 フィレンツェ

ルネサンスを生んだアカデミーの街

Firenze

フィレンツェはルネサンスを生んだ芸術の街であり、メディチ家に代表される政治と歴史の街であり、世界遺産の観光地です。フィレンツェに行くと、その華々しいルネサンス美術に目が奪われてしまい、この街の学問やアカデミックな面にはなかなか目が向きません。しかし、フィレンツェにはアカデミックな名所がたくさんあります。メディチ家により研究機関としての「アカデミー」が生まれたフィレンツェで、ルネサンスの学問文化が花開きました。フィレンツェ大学は一時消滅しましたが、イタリア統一後に新しいフィレンツェ大学が作られ、現在はマンモス大学に成長しました。

フィレンツェ市街の地図を示します（地図6）。まず、聖マルコ広場から市の中心部を歩き、次にアルノ川南岸を回りましょう。

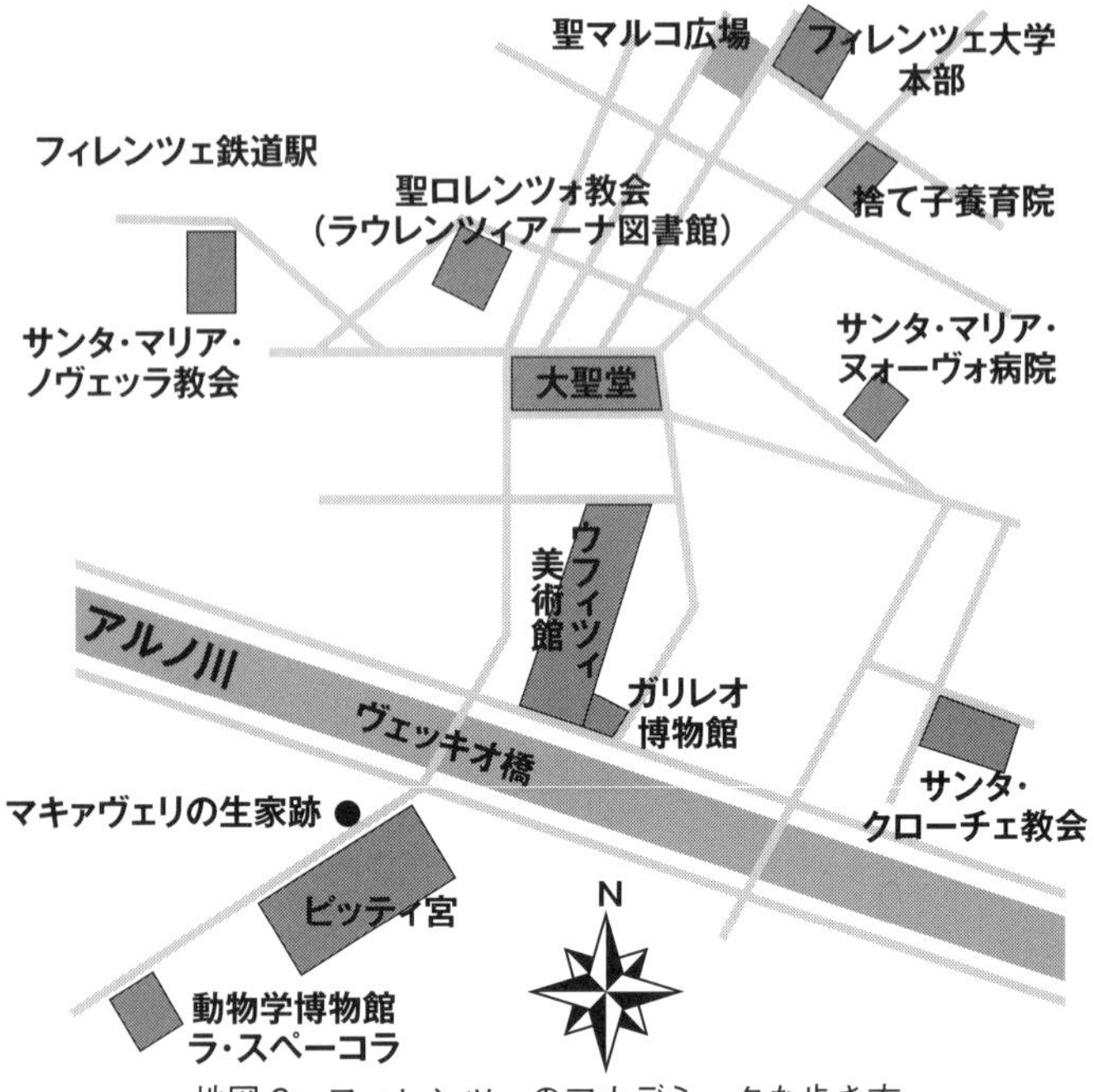

地図6　フィレンツェのアカデミックな歩き方

一時消滅していたフィレンツェ大学

有名な大聖堂（ドゥオーモ）から北へ五〇〇メートルほど歩いたところに聖マルコ広場があります。ここは昔からフィレンツェの学問の中心でした。広場の東西南北を歩いてみましょう（地図7）。

広場の東側にフィレンツェ大学の本部があります。イタリアの有名大学の本部としては最も地味な建物です（写真12）。

フィレンツェ大学は、一三二一年に、ボローニャ大学の学生と教師が移動してきてできましたが（正式に大学となったのは一三四九年）、あまり発展しませんでした。後述のように、メディチ家は、フィレンツェ大学よりもピサ大学を重視し、一四七二年にはフィレンツェ大学は消滅

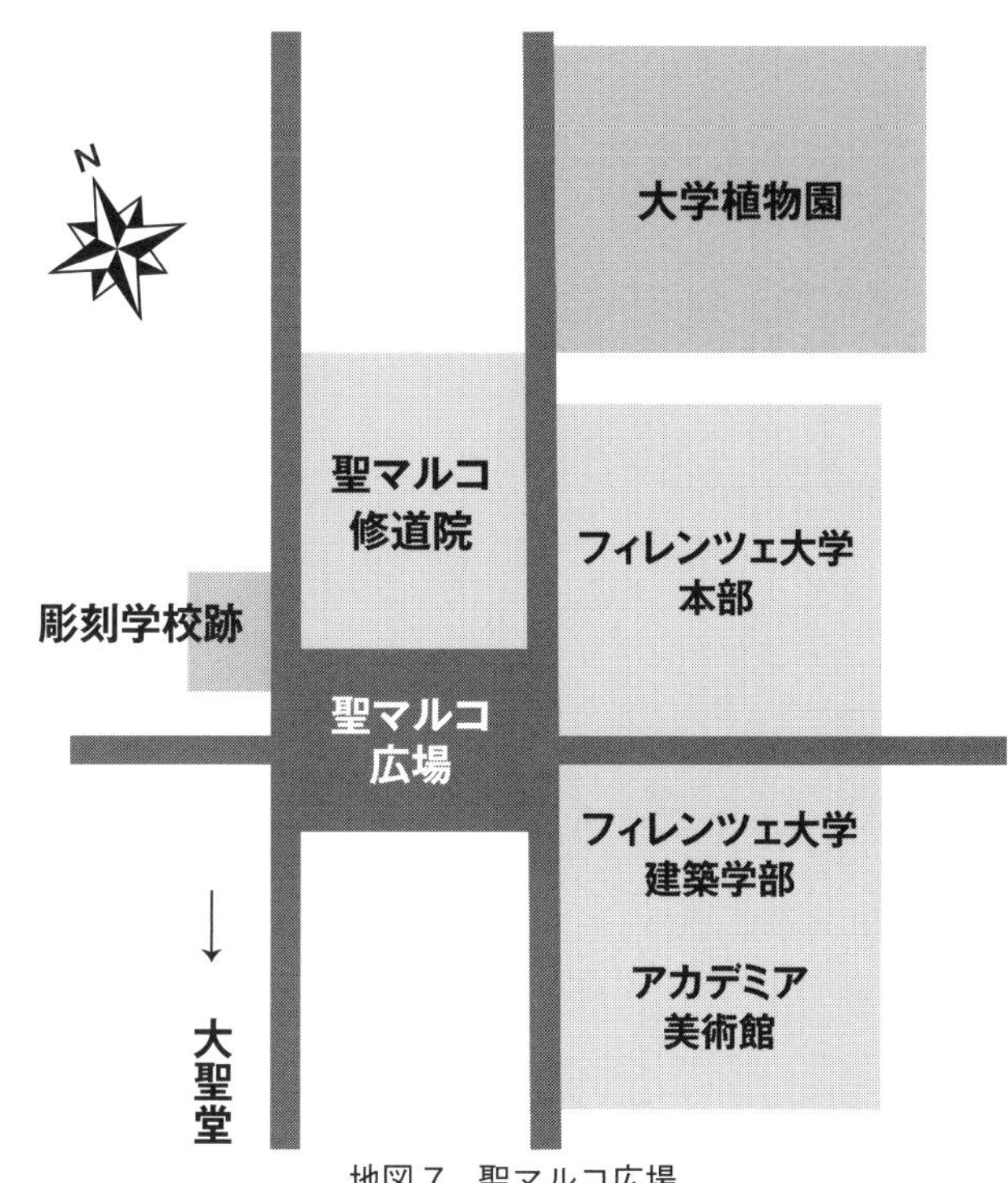

地図７　聖マルコ広場

しました。その後四〇〇年あまり、フィレンツェには大学がなかったのです。統一後の一八五九年になって、高等教育研究所が作られ、それが一九二三年にいまのフィレンツェ大学として昇格しました。イタリアの主要大学としては短い歴史しかありませんが、戦後はトスカーナ地方の中心的な大学となり、学生数約六万人の大規模大学となりました。「たこ足大学」の典型で、一一の学部が市内に散らばっているので、大学歩きには少し苦労します。

今回は、建築学部、カレッジ地区の周りにある医学部、薬学部、理学部（自然科学部）、工学部、文学哲学

写真12　フィレンツェ大学本部

部、教育学部を回ります。

大学本部の建物の北側にもうひとつの入口があり、中には大学の自然史博物館があります。入口に恐竜が立っています。また、大学本部のすぐ北のほうには大学植物園があります（地図7参照）。

フィレンツェの学問の父コジモ

聖マルコ広場の北側に聖マルコ修道院がありますす。今ではフラ・アンジェリコの『受胎告知』がある美術館として有名な観光地になっていますが、ここはフィレンツェの学問を語るうえで欠かせない場所です。ここは昔からメディチ家の学問の中心でした（森田義之『メディチ家』）。フィレンツェの学問を知るためには、メディチ家を知る必要があります。表3－1は、学問を援助したメディチ家のおもな当主（本章の登場人物）です。

表3-1　学問を援助したメディチ家のおもな当主

コジモ・ディ・メディチ（イル・ヴェッキオ）	1389～1464年
ロレンツォ・ディ・メディチ（イル・マニフィコ）	1449～1492年
コジモ一世	1522～1652年

コジモ・ディ・メディチは、エリート教育を受け、若い頃から一流の学者と親交を結びました。彼は学者になろうとしましたが、親に反対されて銀行家・政治家の道を歩み、のちに「祖国の父」と呼ばれるほどの政治家になりました。

コジモはフィレンツェの学問の父でもあります。彼は古代ギリシャ・ローマの古典文献を収集し、古典の写本を作らせました。当時は書籍は貴重品であり、メディチ家の金で集められた古代の写本の蓄積が古代復興（ルネサンス）を育てたのです。

イタリック体やローマン体のもとをたどると

私たちがワープロで使っているイタリック体やタイムズ・ニュー・ローマン体といった活字体は、起源をたどるとメディチ家に行き着きます。

コジモは若い頃から、ニッコロ・ニッコリ（一三六四～一四三七年）やポッジョ・ブラッチォリーニ（一三八〇～一四五九年）といった人文学者と交わり、彼らを物心両面で援助しました。二人は、フィレンツェ大学のギリシャ語の講座において、東ローマ帝国の神学者クリュソロラスに学びました。

コジモは、写本筆写家としても活躍した二人に対して、写本を作ることを援助しました。ニッコリは、文献を写すときに、速く正確に筆写できるように草書体を発明し、これが現代のイタリック体の基礎となりました。また、ブラッチォリーニの書体がのちのローマン体の活字につながったのです。現代の生活にもルネサンスは残っているのです。

ニッコリは八〇〇冊もの蔵書を残して亡くなりました。ちょうどこの時期に、聖マルコ修道院の修復が進み、この時にフラ・アンジェリコが壁画『受胎告知』を描いたのです。

コジモは、一四四七年に、ニッコリの蔵書をもとに聖マルコ修道院の中に図書室を開設しました。この図書室は、僧侶だけでなく、一般市民にも公開され、ヨーロッパで最初の公共図書館となりました。聖マルコ修道院の図書室は、後述のラウレンツィアーナ図書館やヴァチカン図書館のモデルとなりました。

コジモがおこなった学問へのもうひとつの貢献は、学者たちへの援助です。最も有名なのはプラトン・アカデミーですが、これについては後述します。

美術アカデミーと建築学部

聖マルコ広場はミケランジェロと関係が深い場所です。聖マルコ広場の西側に、建物の間から木立が見える場所があります。ここは昔、メディチ家の屋敷があり、彫刻学校がありました。メディチ家のロレンツォ（表3-1参照）は、お抱えの彫刻家ベルトルド・ディ・ジョヴァンニを校長として、この屋敷にあった古代彫刻庭園を若い美術家に開放し、彫刻の研究に当たらせました。ヴァ

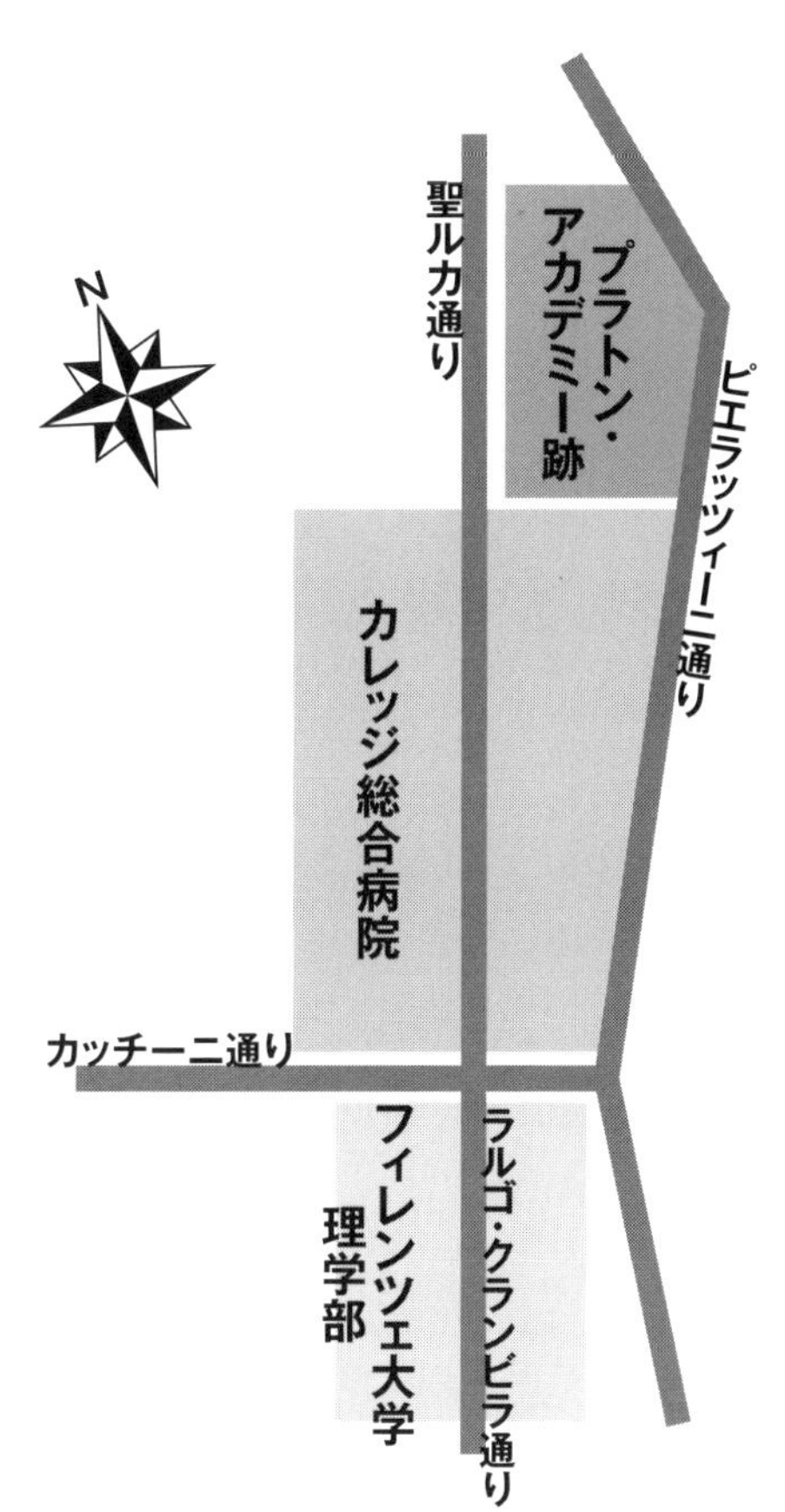

地図８　カレッジ総合病院（フィレンツェ大学病院）

ザーリの『ルネサンス画人伝』によると、この学校は貴族の子弟の中から彫刻の才能のある者を発掘することが使命であり、発掘されたひとりが若きミケランジェロでした。

ミケランジェロの代表作『ダヴィデ像』は、現在、聖マルコ広場の南東の角にあるアカデミア美術館で見ることができます。アカデミア

写真 13　カレッジ総合病院（フィレンツェ大学医学部）

美術館は、フィレンツェ美術アカデミーの教育施設でした。美術アカデミーの起源は、一五六三年に芸術家ヴァザーリによって作られたアカデミア・デル・ディセーニョ（素描アカデミー）です。それまで各ギルドに分散していた建築家・彫刻家・画家が、造形芸術の三分野の担い手であるという自覚のもとに集まりました。ギルドという中世の職人組織から芸術家を解放し、その社会的地位を高めました。ヴァザーリの芸術プロデューサーとしての力が光ります。ヨーロッパ最初の美術アカデミーといわれます。アカデミーの会長はミケランジェロとメディチ家のコジモ一世でした。美術アカデミーの建物は、前は聖マテオ病院でした。

美術アカデミーの建築部門が独立したのがフィレンツェ大学の建築学部であり、アカデミア美術

写真 14　プラトン・アカデミー跡のカレッジ荘

館と同じ建物にあります。

プラトン・アカデミー跡を訪ねる

さて、ここでルネサンスに大きな影響を与えた二つのアカデミーを訪ねてみましょう。最初はプラトン・アカデミーです。

プラトン・アカデミー跡は、カレッジ総合病院の北東にあります。バスかタクシーで市街地から五分ほどで病院に着きます（地図8）。フィレンツェ大学医学部の附属病院でもあります（写真13）。

病院の中央を聖ルカ通りが南北に走り、一キロメートルにわたって病院の建物が並んでいます。カッチーニ通りとの交差点に、新しいガラス張りの受付ビルがあります。前にタクシー乗り場があります。

また、地図8に示すように、病院の南側には、フィレンツェ大学の理学部（正確には、数学・物理学・自然科学部）と薬学部があります。また、その東の方角のサンタ・マルタ地区には工学部があります。

　ピエラッツィーニ通りに、ヴィラ・メディカ・カレジと書かれた門があります（写真14）。門の両側にはライオンの像があります。門は閉まっていますが、回ってみると木々の間から、切れ切れにアカデミーの建物が見えます。

　プラトン・アカデミーは一四六二年頃に作られましたが、その創設は、コジモ・ディ・メディチにとって二〇年越しの夢でした。一四三九年に、フィレンツェで東ローマ帝国の教会（ビザンティン教会）と西ローマ教会の合同会議が開かれました。この時に、東ローマ帝国から七〇〇人の使節団がフィレンツェを訪れましたが、中にゲミストス・プレティンというプラトン学者がいました。彼が、古代ギリシャ時代にプラトンが作った学校アカデメイアを復興させることをコジモに提案したのです。ちなみに、現在、ギリシャのアテネ市内にはプラトンのアカデメイアの遺跡がありますが、驚くべきことに、ほとんど管理されておらず、荒れ放題になっています。

　一四五二年に、コジモは、侍医の息子だったマルシリオ・フィチーノ（一四三三〜一四九九年）を選んで、その全生活費を援助し、メディチ家の別荘カレッジ荘の一部を自由に使わせ、古代ギリシャの学問や文化を研究させました。その建物がプラトン・アカデミーです。世界で初めて作られたアカデミーです。

ロレンツォが育てたプラトン・アカデミー

コジモが一四六四年にカレッジ荘で息を引き取ると、その遺志を継いだのは孫のロレンツォでした（表3-1参照）。ロレンツォは若い頃は陽気な青春生活を楽しみましたが、二九歳の時、パッツィ家陰謀事件で暗殺のターゲットとなり、かわりに弟が殺されてしまいました。これ以後、関係者一〇〇名近くを処刑するなど、したたかな政治権力者として生まれ変わりました。

ロレンツォは、祖父コジモと同じく、学者や芸術家を援助し、プラトン・アカデミーの常連として、哲学者と討論しました。この様子は、ピッティ宮殿の壁画『プラトン・アカデミー』や『芸術家たちに囲まれるロレンツォ』によって見ることができます。

ロレンツォは、カレッジ荘をこよなく愛し、人生のほとんどをここですごしました。彼は、カレッジ荘で四二歳で病死しました。臨終の床には、フィチーノやピコ・デラ・ミランドラ、サヴォナローラも呼ばれました。

新プラトン主義復興の立役者フィチーノ

プラトン・アカデミーの中心となったマルシリオ・フィチーノは、コジモやロレンツォの期待に応えました。彼はプラトンの全著作と、新プラトン主義のプロティノスの著作をラテン語に翻訳しました。そして、プラトンの哲学とキリスト教神学を融合させた新プラトン主義を展開しました。

これにより彼はヨーロッパ中に知られるプラトン学者となりました。プラトン・アカデミーでは、プラトンをはじめ古代ギリシャ時代の学問や文化が研究されました。まさに古典復興（ルネサンス）が起こり、フィレンツェはその中心となったのです。

プラトン・アカデミーは、フィチーノがプラトンの翻訳をおこなう作業所であり、学校のような教育の場ではありませんでしたが、学者たちが集まるサロンとなりました。ここにはランディーノやピコ・デラ・ミランドラといった著名な学者が集まりました。

ルネサンスを代表する思想家ピコ・デラ・ミランドラ

ピコ・デラ・ミランドラ（一四六三〜一四九四年）は、フィチーノのもとでプラトン哲学を学び、ローマで公開討論会のために本を出版しました。その一部が、ルネサンスの人間中心主義を提示した『人間の尊厳について』です。この中の文章は日本の高校の教科書にも引用されるほど有名です。しかし、この本は、ローマ教皇から異端の疑いがかけられて発禁処分となり、彼は監禁されました。その後、ロレンツォの力で釈放され、フィレンツェのメディチ家の別荘で研究を再開しますが、のちに、師であるフィチーノの説を批判した「反占星術論」を書きました。彼は、聖マルコ修道院を本拠地として神権政治をおこなったサヴォナローラとの親交を深めました。ピコは三一歳の若さで病死しましたが、反サヴォナローラ派によって毒殺されたという噂も残っています。

ロレンツォは、領内にあるピサとの政治関係を強めるために、ピサ大学に力を入れました。しかしながら、領内に二つの大学を持つのは負担が大きく、一四七二年に、フィレンツェ大学はピサ大学に吸収されました。

大学とアカデミーの補完

学問を援助したロレンツォが、フィレンツェ大学を潰したことは、歴史の皮肉のように見えます。しかし、当時の大学とルネサンスは敵対的な関係にありました。イタリアの大学は法学や医学などの職業的な学問の場であって、ルネサンスの中心である人文学・文学・芸術の場ではありませんでした。神学部においても、古代ギリシャ・ローマの宗教は、キリスト教から見ると異教であり、それを復興させるルネサンス（原義は再生や復活を意味します）は危険なものと映ったのです。もしフィレンツェ大学が強かったら、ルネサンスが潰されていたかもしれません。こう考えると、ロレンツォは結果的には正しい判断をしたのかもしれません。

プラトン・アカデミーを最初として、大学のないフィレンツェには、多くのアカデミーが作られました。人文学では後述のクルスカ・アカデミーや王立アカデミー、芸術では前述の美術アカデミーが有名です。ガリレオの弟子たちによる自然科学のアカデミア・デル・チメント（後述）も生まれました。

フィレンツェをモデルとして、フランスのアカデミー・フランセーズをはじめ、多くのアカデミーがヨーロッパ中に作られました。当時、大学は新しい学問に対して封鎖的でしたので、それに代わってアカデミーが自由な研究を育てたのです。しかし、大学が新しい学問を受け入れるようになると、アカデミーはその役割を終えることになりました。現代では、アカデミー（学士院）といえば学者の栄誉機関にすぎません。

二つのホスピタル

市街地に戻り、聖マルコ広場から大聖堂（ドゥオーモ）へと向かいます。間に二つのホスピタルがあります。ひとつは捨て子養育院です。建物はブルネレスキが設計したルネサンス建築の出発点とされる歴史的なものです。正面には、おくるみを巻かれた幼児のレリーフがたくさんついています（写真15）。建物の入口は、親が名乗らずに子どもを預けるための回転扉がつけられていました（高橋友子『捨児たちのルネッサンス』）。施設の経営のために美術館が併設されています。

その南のほうにはサンタ・マリア・ヌォーヴォ病院があります。ダンテのあこがれの女性ベアトリーチェの父フォルコ・ポルティナーリの寄付によって一二八八年に建てられました。この病院は、レオナルド・ダ・ヴィンチが解剖をおこなった場所として知られています。ダ・ヴィンチは、この病院で死にゆく老人を観察し、その死体の解剖をおこないました（岩井寛・森本岩太郎『レオナルドと解剖』）。

写真 15　捨て子養育院

近くには、フィレンツェ大学の文哲学部や教育学部の建物があります。

ラウレンツィアーナ図書館

大聖堂の北側には聖ロレンツォ教会があり、その中に、ラウレンツィアーナ図書館があります。この図書館は、メディチ家の一万冊の本を収容するために作られました。ミケランジェロが設計し、流れる滝をイメージして作ったという大階段が有名です。また、ヴェネツィアのマルチャーナ図書館、ローマのヴァチカン図書館、ミラノのアンブロジアーナ図書館など、ルネサンス期からバロック期にイタリア各地に作られた貴族の図書館のモデルとなったという歴史的意義もあります。

サンタ・マリア・ノヴェッラ教会と王立アカデミー

大聖堂の西の方角にサンタ・マリア・ノヴェッラ教会があります。ボッカチオの『デカメロン』はここから始まります。ペストの流行で郊外へ逃れる人たちがこの教会に集まり、ここから物語を始めるという設定です。

教会には美術館が併設されています。『一四の美徳』という壁画には、神学者トマス・アクィナスを中心に、学問領域の象徴として古来の学者が描かれています。哲学のアリストテレス、算術のピタゴラス、幾何学のユークリッド、天文学のプトレマイオス、修辞学のキケロなどです。

この教会には「教皇の間」という部屋があり、ここで一五〇三年にレオナルド・ダ・ヴィンチが『モナ・リザ』を描き始めました。この部屋は、フィレンツェの王立アカデミーがあった場所でもあります。

王立アカデミーは、一五四〇年に発足した文化サークル「アカデミア・デッリ・ウーミディィ」をもとにしています。ウーミディィとは「湿った者たち」という意味であり、文学を愛好する市民のサークルでした。その後、アカデミア・フィオレンティーナ（王立アカデミー）と改名され、コジモ一世によって国家のアカデミーとなりました。国から財政援助を受け、活動の拠点として教会の「教皇の間」が与えられました。

王立アカデミーの目的は、文学を中心とする学問の研究であり、とくにフィレンツェ語（トスカーナ語）による文学や哲学の普及や教育にありました。この教会の大ホールで講演が開かれ、多くの聴衆が集まりました。講演の内容は、フィレンツェの三大作家であるダンテ、ペトラルカ、ボッカチオの作品についてのものが多くを占めました。これにより、ラテン語ではなくフィレンツェ語で書かれたルネサンス文学を広く市民に普及させることに役立ちました。また、コジモ一世は、特定の出版社をトスカーナの「公国印刷所」として指定して援助するなど、出版活動を奨励しました（北田葉子『近世フィレンツェの政治と文化』）。

一七四二年にメディチ家が断絶すると、後を継いだハプスブルグ家の啓蒙専制君主ピエトロ・レオポルドがフィレンツェの社会改革をおこない、王立アカデミーは、後述のクルスカ・アカデミーなどを吸収しました。

ガリレオの指まである博物館

ウフィツィ美術館の東側には、ガリレオ博物館があります（写真16）。ガリレオ博物館は、科学史の博物館としては量・質ともに優れています。展示のなかには、ガリレオが月を観察した望遠鏡が

写真16　ガリレオ博物館

二本飾ってあります。また、「ガリレオの指」と題するガラス容器が二本あります。一本は「ガリレオの中指」というラベルで、中に指の骨が入っています。もう一本には「ガリレオの人差し指と親指と歯」というラベルが貼られ、二本の指と歯が入っています。

科学的方法論の創始者ガリレオ・ガリレイ（一五六四〜一六四二年）とフィレンツェには深い縁があります。彼は、ピサに生まれて、ピサ大学やパドヴァ大学で教鞭をとった後、四六歳でメディチ家のコジモ二世の「トスカーナ大公付き数学者兼哲学者」「ピサ大学特任数学教授」という肩書きを与えられました。この地位は、講義や雑用もなく研究に専念できるという、現代から見ても羨ましいものでした。彼はフィレンツェに移り、終生ここで生活しました。ガリレオは木星の衛星を発見しますが、これを「メディチ星」と命名してコジモ二世への恩に報いました。その後、地動説の嫌疑で異端審問を受け、六九歳で有罪の判決を受け、終身刑を言い渡されます。減刑されて、フィレンツェ郊外のアルチェトリに幽閉されました。

ガリレオの娘

ガリレオは、内縁の妻との間に、二人の娘と一人の息子をもうけましたが、育てることができず、二人の娘を修道院に預けました。ガリレオは最愛の娘として長女に深い愛情を注ぎました。長女の手紙をガリレオは大事に保管しており、現在でも残っています（ソベル『ガリレオの娘』）。その手紙を読むと、長女はたぐいまれな知性と善良さを持ち、父親に傾倒し献身し続けたことがわかります。父に科せられた刑罰の一部をみずから引き受けもしました。こうした献身ぶりは涙なしには読めないものです。幽閉中のガリレオは、長女が預けられた修道院を、家の窓からいつも見ていました（豊田利幸「ガリレオの生涯と科学的業績」）。しかし、その長女は三三歳で病死してしまいます。最愛の娘に先立たれた七〇歳のガリレオの悲しみはいかばかりでしょうか。それでもガリレオはその後も新しい仕事に取り組み続け、アルチェトリの地で七七歳で病死しました。

金沢大学にあるフィレンツェの壁画——日本で味わうフィレンツェ

ガリレオの墓は、博物館の東にあるサンタ・クローチェ教会にあります。この教会にはほかにもミケランジェロやマキャヴェリなどの墓もあります。

写真 17　金沢大学で復元されたサンタ・クローチェ教会の壁画『聖十字架物語』

この教会の壁画が金沢大学のキャンパスに復元されているのをご存じでしょうか。一九九九年に金沢大学教授の宮下孝晴氏が、ＮＨＫの番組でフィレンツェの壁画が危機にあることを話したところ、美術愛好家の黒田哲也氏が寄付を申し出ました。この寄付金によって、金沢大学は、二〇〇四年からイタリア政府と共同で、サンタ・クローチェ教会に一三八〇年代に描かれた壁画『聖十字架物語』を修復することができました。

この時に、壁画が金沢大学に復元されました。この復元は、一三八〇年当時と同じ材料と技法を用いて、当時の絵画技法書を丹念に読みながら進められました。実験科学としての美術史研究です。こうしたシミュレーションによって、科学的調査やCGでは解明できない具体的な制作プロセスがわかりました。制作には、宮下氏と同大学教授の大村雅章氏の研究室の大学院生・学生三〇名がかかわりました。

壁画『聖十字架物語』は、キリストが磔刑にされた十字架の木について、八枚の絵による物語として描かれたものです。復元された第四画面（写真17）は、ローマ皇帝コンスタンティヌスの母親ヘレナが、エルサレムを訪ね、キリストが磔刑にされた十字架を発見するところです。ヘレナは、三本の十字架を見つけますが、どれがキリストの十字架なのかわかりませんでした。そこで、ちょうど通りかかった葬列の上にかざすと、三本目の十字架で、何と死者が甦ったのです。それで真の「聖十字架」がわかったというドラマティックなものです。写真からわかるように、左側が死者が甦るシーンであり、右側が「聖十字架」だとわかるシーンです。こうした複数のシーンを一枚の中に描くというのも面白い形式です。当時は、壁画を紙芝居のようにして、神父が信者にストーリーを解説していたのでしょう。

大学のかわりとなった動物学博物館ラ・スペーコラ

ヴェッキオ橋を渡って、アルノ川南岸に向かいます。ラファエロの絵画で有名なピッティ宮殿の向かいに、マキャヴェリの生家跡があります。今は土産物屋になっているグッチャルディーニ通り一八番にその銘板が貼ってあります。

ピッティ宮の先に、フィレンツェ大学の動物学博物館ラ・スペーコラがあります。

メディチ家は美術だけでなく科学のコレクションもたくさん持っており、それらはウフィツィ宮殿の三階の展示室に集められていました。一七七五年に、ハプスブルグ家の啓蒙専制君主ピエトロ・レオポルドは、メディチ家の科学のコレクションをまとめて、現在のスペーコラの場所に、王立物理学・自然史博物館を作りました。物理学者のフォンタナが館長となり、数年で、イタリアの物理学・自然科学の研究センターに成長しました。一八〇七年には、博物館に「物理学・自然科学学院」という学校が作られ、物理学や天文学、動物学など六つの部門が置かれました。大学がなかったフィレンツェでは、ここが自然科学の教育研究の中心だったのです。当時は、天文台（スペーコラ）が屋上に作られていたので、今でもそう呼ばれているのです。

イタリアが統一されると、一八五九年にフィレンツェに高等教育研究所が作られ、これがフィレンツェ大学となりましたが、この学院は大学に吸収されました。博物館はいくつかに分割されましたが、動物学部門だけがここに残っています。

マルキ・ド・サドが絶賛したジオラマ――大学公認のグロテスク

博物館の入口はあまり目立ちません。三階に受付があり、順路に沿って回ります。はじめはふつうの動物学の展示ですが、後半は解剖学の展示となり、蠟で作られたおびただしい臓器が並びます。

この博物館については、日本でも『バロック・アナトミア』(河出書房新社)など何冊か写真集が出ています。

一八世紀のフィレンツェは、ボローニャ大学と並んで、解剖学の蠟模型の最前線であり、多くの蠟細工師が活躍しました。最初の蠟細工師はガエターノ・ズンボ(一六五六～一七〇一年)です。彼は、シチリア島で生まれ、ナポリでペストの脅威を描いた絵画に衝撃を受けて、蠟細工の死体模型を作るようになりました。フィレンツェではメディチ家に庇護されて、解剖学教育用の蠟細工を作るようになり、のちにボローニャやジェノヴァで仕事をしました。彼の代表作は『死の劇場』という連作のジオラマです。この博物館の順路の最後にある「ズンボの部屋」に展示されています。「ペスト」「時の凱旋」「人生の栄光の空しさ」「梅毒」という四つのジオラマからなり、それぞれは五〇センチメートルほどの箱の中に細密に作り込まれています。それぞれに多くの死体がころがり、死体が腐乱して、骨になるさまを描いています。この作品の一度見たら忘れられないグロテスクさについて、マルキ・ド・サドが『悪徳の栄え』の中で紹介しています。

博物館の館長となったフォンタナは、解剖学のパオロ・マスカーニに依頼して、解剖学の標本を大量に作りました。博物館の二階に工房を設け、サンタ・マリア・ヌォーヴォ病院から運ばれた死体を解剖し、そこから直接、型を取って標本を作りました。

フォンタナが見いだしたのが、2章で紹介したクレメンテ・スシーニです。スシーニは大量の解剖学の蠟標本を作り上げました。この博物館には、このうち五六二体が展示されており、一九体は実物大の全身像です。なかでも「解剖されたヴィーナス」と呼ばれる若い女性の標本が有名です。死体の胸と腹がはずせるようになっており、中の内臓が見られます。それらの内臓もひとつひとつ外に取り出すことができます。模型を使って解剖をシミュレートできるように作られていています。内臓は大きく飛び出していますが、ボッティチェリの『ヴィーナスの誕生』をイメージして作られたとのことです。あまり信じたくはありませんが、ボッティチェリの『ヴィーナスの誕生』をイメージして作られたとのことです。

写真18　ガリレオのトリブーナ

ガリレオを継いだ実験のアカデミー

博物館の二階には「ガリレオのトリブーナ」と呼ばれる部屋があります（写真18）。一八四一年にイタリア科学者会議が開かれた時の記念に作られました。正面にガリレオの石膏像があり、その上には、ガリレオの人生の各シーンの絵が描かれています。

以前には、ここにガリレオの弟子たちが作った科学アカデミーで使われた実験機器が展示されていました（現在はガリレオ博物館に移動）。ガリレオ没後一五年の一六五七年に、ガリレオの弟子たちは、実験的な手法を受け継ぎ、フィレンツェで「アカデミア・デル・チメント」を結成しました。『世界の名著 26 ガリレオ』（中央公論社）の豊田利幸氏の解説によれば、「チメント」とは、セメントと同じで、金を抽出するために用いた物質のことです。つまり、「チメント」には真実に達する科学的方法という意味がこめられています。「科学」を表に出すと、教会から弾圧されたので、こうした象徴的な言葉しか使えなかったのです。アカデミーは一〇年続き、最後の年一六六七年に『自然の実験的吟味』という本を出しましたが、教会の弾圧を避けるために匿名で書かれています。この本は、近代的な学会誌として世界初のものであり、のちに科学実験のマニュアルとして広く用いられました。このアカデミーは、その後ヨーロッパ各地に作られた科学アカデミーに大きな影響を与えました。

イタリア語の故郷クルスカ・アカデミー

最後に、クルスカ・アカデミーのあるカステッラ荘を訪ねてみましょう。タクシーでカレッジ総

写真19　カステッラ荘のクルスカ・アカデミー

合病院から五分ほど、鉄道駅からでも十分くらいで着きます。

正面は二階建ての質素な建物です（写真19）。正面には広場があり、その先は長い並木道になっています。右側に庭園への入口があります（入場無料）。中はフランス式の整形庭園で、無数の彫刻が立っています。カステッラ荘はメディチ家の別荘で、ルネサンス美術の最高傑作であるボッティチェリの『春』と『ヴィーナスの誕生』は、一九世紀までここに保管されていたというから驚きます。旅行ガイドブックには載っていない隠れた名所です。

カステッラ荘の正門には、「アッカデミア・デッラ・クルスカ」と書かれた白い銘板が貼ってあります。中央の入口を入ると、クルスカ・アカデミーの事務室と図書室があります。

●みずから「カス」と名乗る集団——クルスカ・アカデミー

クルスカとは、小麦をひいて粉にした後に残る麦滓（むぎかす）のことです。小麦から麦滓を取り除くように、社会においても、良い言葉（小麦粉）を普及させるためには悪い言葉（麦滓）を取り除かなければなりません。クルスカ・アカデミーとは、このような意味を持っています。

一五七〇～八〇年頃に、王立アカデミーのメンバー数名が集まって、ブリガータ・デイ・クルスコーニという文学サークルを作りました。王立アカデミーのまじめな権威主義を嫌って、肩の凝らない会話を楽しむサークルでした。クルスコーニとはクルスカと同じく小麦をひいて粉にした後に残る麦の滓（かす）のことです。自分たちを「カス」と呼んだのは、王立アカデミーからの落ちこぼれという自虐の意味を込めていたのかもしれません。

しかし、一五八二年に、レオナルド・サルヴィアティが加わってから、サークルは一変します。彼がリーダーシップを取って、クルスカ・アカデミーと改称しました。すると、同じくクルスカ（カス）ではあっても、全く正反対の積極的な意味を持つことになりました。つまり、小麦から麦滓を取り除くように、言葉において、良い言葉（小麦粉）を普及させるためには悪い言葉（麦滓）を取り除かなければならない。小麦粉を世に出すために、自分たちは麦滓となろう。このようなフィレンツェ語（トスカーナ語）の純化ということを会の目的とし、再出発したのです。この場合の「良い言葉」とは、フィレンツェ地方の俗語のことであり、ダンテ、ペトラルカ、ボッカチオの文章のことでした。

アカデミーは、一六一二年にイタリア語初の辞書『ヴォキャボラリオ』を出版しています。これをモデルとして、フランス語、スペイン語、英語など、ヨーロッパ中で辞書が作られました。イタリア統一後はこの辞書が標準語となったので、この研究所は「イタリア語の故郷」とも呼ばれます。

美術や観光だけでなく、アカデミックな点から見ても、世界中でフィレンツェほど面白くて奥の深い都市はないでしょう。

4章 ピサ

斜塔を支えるテクノロジー都市

Pisa

斜塔で知られるピサの街の歴史にはフィレンツェとの因縁があります。政治的には、ピサはフィレンツェに征服されましたが、学問的には、メディチ家の政策により、ピサ大学はフィレンツェ大学を吸収しました。ガリレオもこの街で数学を教えました。現在のピサ大学は、他の高等師範学校と組んで、独特のエリート養成教育をおこなっており、イタリア科学の最先端の地となっています。

ピサのアカデミックな歴史を歩いてみましょう（地図9参照）。まず、ガリレオゆかりの世界遺産ドゥオーモ広場へ行き、そこから南下してピサ大学、ピサ高等師範学校、聖アンナ高等師範学校を訪ねます。

●奇跡の広場・ドゥオーモ広場

フィレンツェから電車で一時間でピサ中央駅に着きます。駅からバスかタクシーでドゥオーモ広

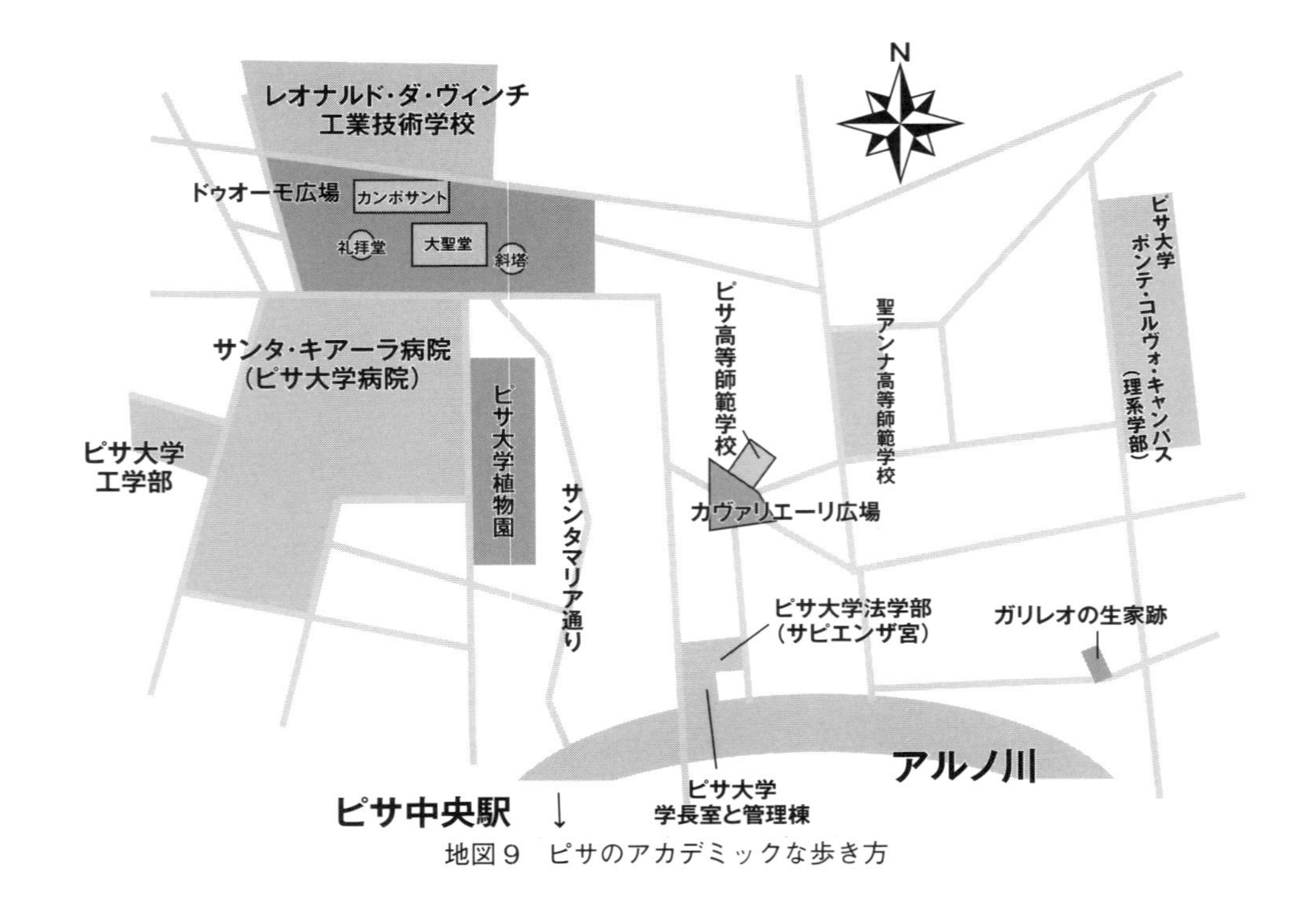

地図９　ピサのアカデミックな歩き方

写真 20　ドゥオーモ広場の大聖堂と斜塔

場に向かいます。

ドゥオーモ広場（写真20）を見て感嘆の声をあげない人はいないでしょう。広場全体が空間の芸術であり、斜塔はその一部にすぎません。広場には、大聖堂、斜塔（鐘楼）、洗礼堂、カンポサント（墓地）という四つの建物があります。「洗礼堂で生を受け、大聖堂で祈りをささげ、カンポサントで生を終える」。この広場は誕生から死まで人生を集約しているというわけです。フィレンツェのドゥオーモ広場にも、大聖堂、鐘楼、洗礼堂がワンセットとして建っていますが、広場が狭いために全体を見渡すことができません。これに対して、ピサの広場は全体の空間が広いので、すべての建物を一望することができます。ひとつひとつの建物の美しさもさることながら、この広場の本当の主役は広い空間そのものです。建物の間が芝生になっているのも美しさを一段と高めています。「奇跡の広場」と呼ばれるのも当然でしょう。

これほど大規模な空間芸術を建てる経済力があったのは、ピサが一一世紀にイタリア四大海洋国家のひとつとして大きく繁栄したからです。

ガリレオの発見の舞台・ドゥオーモ広場

ガリレオの科学的発見はドゥオーモ広場と結びついています。ガリレオは、ピサに生まれ、ピサ大学で学び、この大学で数学を教えました。斜塔の上から重い球と軽い球を落とす実験をおこない、アリストテレスの落体運動論を否定したというガリレオ伝説は有名です。これが歴史的事実かどうかはともかく、斜塔の形状を踏まえたよくできた伝説です。たしかにふつうの塔ならば、物を落としても塔にぶつかってしまうでしょうが、斜塔ならば、上に突き出た部分から物を落とせばよいので実験はしやすいでしょう。

また、一五八三年、一九歳のガリレオは、大聖堂の天井から吊り下げられているランプの揺れるのを見て、振り子の等時性を発見しました。大聖堂には「ガリレオのランプ」と呼ばれるシャンデリアが下がっています。しかし、これが作られたのは一五八七年のことであり、発見の数年後のことでした。ガリレオが見たオリジナルのランプは、隣のカンポサントのアウッラ礼拝堂に飾られています。大聖堂のものは大きくてシャンデリアのようですが、オリジナルはふつうの形のランプです。

なお、ガリレオが生まれた家は、地図9に示すように、ピサ大学ポンテ・コルヴォ・キャンパスの南側にあります。ジュゼッペ・ジュスティ通り二四番地に銘板が貼ってあります。母の実家のアマナッティ邸だった場所です。母ジュリアはこの実家でガリレオを産みました。

斜塔を救ったテクノロジー

ドゥオーモ広場の周辺は学術地区です。広場の北側にはレオナルド・ダ・ヴィンチ工業技術学校があり、敷地内に数機のジェット機が飾ってあります。

少し南には、ピサ大学の工学部のキャンパスがあり、土木工学科があります。ピサの斜塔のこれほど近くに工学部があるのには意味があります。ピサの街は昔は海の近くにあり、ヴェネツィアと同じく、地盤が弱かったのです。このため鐘楼は傾き始め、倒壊の危険が強くなり、一時は内部公開が禁じられました。対策として、観測機器で傾きをモニターし、斜塔の一方の地盤から土を吸い取って傾きを調整しました。これによって、倒れることもなく、直立に戻ることもなく、塔は一定の傾きに保たれています。内部の見学もできるようになりました。つまり、地盤工学のテクノロジーが塔を傾いたままにさせ、観光資源を守っています。

写真21　世界遺産を臨むサンタ・キアーラ病院（中庭から大聖堂と斜塔の上部が見える。写真20と比較）

世界遺産を臨む病院

また、ドゥオーモ広場の南側には、サンタ・キアーラ病院があります。ピサ大学の医学部のキャンパスでもあります。敷地に入ると広い中庭が広がっています。写真21は病院の中庭ですが、写真20と比べるとわかるように、病院の屋根の上に、大聖堂と斜塔の先が見えています。観光客で混雑する広場から二〇メートルも離れていないのに、静寂さが支配しているのは信じがたいほどです。

世界最古の大学植物園

病院の東側には、世界最古の大学植物園があります。一五四三年に、植物学者ルカ・ギーニがメディチ家のコジモ一世（表3-1参照）の援助でピサ大学植物園を作りました。しかし、植物園の場所がその後二回変わったため、現存する最古の植物園というタイトルは一五四五年創設のパドヴァ大学植物園に譲っています。たった二年の違いですが、パドヴァ大学の植物園は世界遺産として有名になったのに対して、ピサ大学のほうはやや知名度が低いようです。

ドームス・ガリレオーナ

植物園の東側の通りに、ガリレオの家（ドームス・ガリレオーナ）という建物があります。科学史の学会の拠点として一九四一年に創設されたもので、現在は科学史関係の文書や科学機器の博物館となっています。二階の銘板に施設名が薄く彫ってあるだけの目立たない見逃しやすい建物です。昔はこの建物の上に天文台が建っていたといいます。

植物園の東側のサンタ・マリア通りには、ピサ大学の生物学科や文学部などの建物があります。

写真 22　ピサ大学本部

ピサ大学とフィレンツェ大学の微妙な関係

アルノ川に面して、ピサ大学の本部があり

写真 23　ピサ大学サピエンザ宮（法学部）

ます（写真22）。壁面いっぱいに装飾のある凝った建物です。その東側には、政治科学部の黄色のビルがあります。

一本奥に入るとサピエンザ通り（英知通り）があり、その奥にサピエンザ宮があります（写真23）。ピサ大学の最初の校舎です。一般公開はされていませんが、中庭があり、その周りを二階建ての回廊が囲んでいます。建物の南西の角には天文台のドームが建っています。ガリレオもここで教鞭を取りました。一九世紀の末までは、この建物に大学のほとんどの学科が入っていました。二〇世紀になって、各学科が市内各所に建物を持つようになり、今は法学部が使っています。

ピサ大学の歴史を見ると、つねにフィレンツェ大学の影があります。大学ができたのはほぼ同時期です。ピサ大学は、一三三八年に、ボローニャ大学の学生と教師が移住して作られ、一三四三年に教皇から大学として認められました。その後、フィレンツェが勢力を増し、一四〇六年、ピサはフィレンツェに占領されて属国となりました。領内にフィレンツェ大学とピサ大学の二つが並びたったわけですが、大学は反政府勢力を育てる温床でもあったため、一四七二年、メディチ家のロレンツォは、フィレンツェ大学を潰して、ピサ大学に一本化しました（3章参照）。また、コジモ一世も、ピサに愛着を持ち、ピサ大学の拡大を積極的に推進しました。ピサ大学は、政治の中心フィレンツェから離れていたために、かえってメディチ家から大事にされたのです。大都市と大学街が分かれるのは、イタリアでは、ヴェネツィアとパドヴァ大学、ミラノとパヴィア大学にも見られます。

こうしてピサ大学は栄え、ガリレオをはじめ、植物学のルカ・ギーニ、解剖学のファロピオやマルピーギなどが活躍しました。

ナポレオンはピサ大学をパリ大学の分校とした

一七九九年にナポレオンは、フィレンツェ地方を占領しました。ナポレオンはイタリアで多くの社会改革・教育改革をおこないました。ナポレオンの影響で、ボローニャ大学がアルキジンナジオ宮からポッジ宮に移動したことは2章ですでに述べました。おそらくイタリアで最もナポレオンの影響を受けた大学はピサ大学でしょう。ピサ大学はパリ大学の分校という扱いになり、教育課程はフランス式に改革され、フランス式の試験・学位・卒業論文のシステムが導入されました。後述のように、パリ高等師範学校の分校として、ピサ高等師範学校が作られたのもこの時期です。ナポレオンの支配は、一八一四年のウィーン体制によって終わりますが、フランス式の大学制度は以後も残りました。

現在のピサ大学は、学生数約五万人の大規模大学です。後述のポンテ・コルヴォ・キャンパスなど、キャンパスが市内のあちこちに散らばっています。

ピサ大学の特徴は、後述のように、他の二大学と組んで「ピサ大学システム」を作り、独特のエリート教育をおこなっていることです。

カヴァリエーリ広場と高等師範学校

サピエンザ宮の北のほうに三角形のカヴァリエーリ広場があります。周りを白い壮麗な建物が取り囲んでいます。

カヴァリエーリとは騎士団のことで、聖ステファノ騎士団の本部がここに置かれていたことに由来します。メディチ家のコジモ一世は、一五六二年に、オスマン・トルコからの防衛のため、一六隻のガレー船からなる海軍を創設しました。この海軍のために、トスカーナ地方の青年貴族を団員とする聖ステファノ騎士団を結成し、自身が団長となりました。この海軍は、一五七一年のレパン

写真24　ピサ高等師範学校があるカヴァリエーリ宮（カロヴァーナ宮）

トの海戦（オスマン・トルコの艦隊をスペインやイタリアの艦隊が撃破した戦い）に参戦して功績を挙げました。騎士団の本部はこのカヴァリエーリ広場に置かれました。広場の建物をコジモ一世はヴァザーリに命じて設計・改築させました。

カヴァリエーリ広場には、①カヴァリエーリ宮、②聖ステファノ騎士団教会、③オロロジオ宮という二つの歴史的な建物が建っています。

①カヴァリエーリ宮（カロヴァーナ宮ともいいます）は、ヴァザーリの設計による美しい建物で、壁一面に白黒の模様が描かれています。建物の前には、コジモ一世の像が立っています。日が異様に大きく、少し滑稽な顔です。コジモ一世はイルカを踏み

つけており、これは騎士団が海を征するという意味です。

この建物は、聖ステファノ騎士団の本部でしたが、現在は、ピサ高等師範学校の本部として使われています。写真24のように、正面に階段があり、二階に入口があります。入口の上に、高等師範学校（スクオーラ・ノルマーレ・スペリオーレ）と浮き彫りで書かれています。入ってみると正面に受付があります。一階にも小さな入口があります。これほど壮麗なカヴァリエーリ宮ですが、裏側に回ってみたら、意外にみすぼらしいのに驚きました。
②聖ステファノ騎士団教会は、コジモ一世がヴァザーリに命じて設計させた美しい建物です。
③オロロジオ宮（時計宮）は、ヴァザーリが、すでに建っていた塔を合わせてひとつの建物にしたものです。右側の建物は「餓鬼の塔」と呼ばれます。ダンテは『神曲』地獄篇三三歌で、ウゴリーノ伯が、ピサの大司教に謀（はか）られて、四人の子供とともに監禁され、餓死したさまを描いています。ダンテは怒りに燃えて呪いの言葉をピサ市に浴びせています（上野の国立西洋美術館の前庭にはロダンの『地獄の門』があり、その左扉の下の方にウゴリーノ伯が彫られています）。
この宮殿は、騎士団の住居や病院として使われていましたが、現在は、高等師範学校の図書館が入っています。

ピサ高等師範学校は珍しい大学です。前述のように一八一〇年にナポレオンによって、パリの高等師範学校の分校として作られました。師範学校は初等・中等学校の教員を養成するのに対して、高等師範学校は、大学の教員や研究者を養成します。ナポレオンの失脚によって閉鎖されましたが、一八四六年に復活し、現在に至っています。

第二次世界大戦の前にピサ高等師範学校の学長となったのは、ファシズムの哲学者として知られるジェンティーレです。ジョヴァンニ・ジェンティーレ（一八七五～一九四四年）は、ピサ高等師範学校を卒業し、ローマ大学やピサ大学などで哲学の教授を務めました。一九二三年には、ムッソリーニ政権で文部大臣を務め、学校教育の改革をおこないました。その後、ピサ高等師範学校の学長となりました。改革を進め、学生数を増やし校舎を広げました（カヴァリエーリ宮の本部を拡張しました）。学校は勢いを増しました。その後、一九四四年四月一五日に、フィレンツェで反ファシストのパルティザンに暗殺されました。当時のフィレンツェはまだムッソリーニのファシスト政権下にありましたが、その四カ月後の八月一一日に反ファシストのパルティザンによって、フィレンツェは解放されました。

●フェルミの母校

ピサ高等師範学校の卒業生としては、ノーベル物理学賞のエンリコ・フェルミ（一九〇一～一九五四年）がいます。妻ローラによる評伝『フェルミの生涯――原子力の父』によると、一九一八年にフェルミはこの学校に入り、一九二二年に物理学の博士号を取得しました。この学校での生活は、ピサ大学の学生とほとんど変わらなかったようです。その後、フェルミはローマ大学の教授として活躍しますが、妻がユダヤ人だったために迫害を受けました。このためノーベル賞の授賞式のためにストックホルムに行った帰りに、アメリカに亡命し、以後はアメリカの大学で研究を続けました。ドイツ人が原爆を開発するのではないかと恐れたフェルミは、アメリカの原爆開発に携わり、「マンハッタン計画」のリーダーとなりました。

公務員扱いの学生

現在のピサ高等師範学校の入学試験では、六〇人の定員に一〇〇〇人が応募するそうです。学生には、個室と食事が保障され、給料も出ます。公務員扱いなのです。学生はピサ大学の授業に出て勉強します。ピサ高等師範学校での授業もありますが、基本的にはピサ大学の学生と同じ授業を受けます。大学での成績は上位であることが義務づけられ、一定の基準に達しないと、給料は打ち切られます。

エリート養成大学②――聖アンナ高等師範学校

写真25　聖アンナ高等師範学校

カヴァリエーリ広場の東のほうに、聖アンナ高等師範学校があります。キャンパスはこじんまりとしていて清潔です。芝生がきれいに整えられており、花も多く植えられています。奥のほうには大講堂があります（写真25）。

この大学は、ピサ高等師範学校の一部の機関が独立する形で一九八七年に作られました。運営などはほとんどピサ高等師範学校と同じです。

ピサ生まれの数学者フィボナッチにちなむキャンパス

聖アンナ高等師範学校から北西に延びるサン・ゼノ通りは学術地区です。ピサ大学の生理学研究所や衛生学研究所などの医学系の研究所が並びます。その向かいには、ピサ大学のトニオロ学寮があります。

市街地の東側のポンテ・コルヴォ・キャンパスには数学科、物理学科、コンピュータ科学科があります。物理学科の建物は、工場を改装して作られた広大なもので、ポーロ・フィボナッチと名付けられています。ピサ生まれで中世最高の数学者といわれるフィボナッチにちなんだものです。

●ピサ大学システムの不思議な関係

ピサ大学と二つの高等師範学校の関係は独特です。三大学の学生ともピサ大学で教育を受けるのに、成績上位の学生が高等師範学校に振り分けられます。ピサ大学に寄生しているようなものです。大学連携といえば、ふつうは対等の関係ですが、ピサ大学システムは大学間に上下の関係があります。ピサ大学の教員は不満を感じないのでしょうか。

こうしたシステムを採るのはイタリアではピサだけです。そのモデルとなったフランスの高等師範学校は、「グランゼコール」と呼ばれるエリート養成機関であり、大学よりも上位にあります。アメリカの大学は、市民教育を目的とするので、エリート教育に対しては否定的です。

日本は、戦後にアメリカの大学をモデルにしたので、こうしたナポレオン式エリート養成にはなじみがありませんが、大学改革のヒントにはなるかもしれません。

5章 ヴェネツィア

文化と環境の都市として甦る街

Venezia

ヴェネツィア

ヴェネツィアほどユニークな都市はありません。世界のどこにもヴェネツィアのような街はありません。一度足を踏み入れたら、その魅力にとりつかれてしまう魔法の街です。世界中の論客がヴェネツィアの本を書いていますが、ほとんどは建築、絵画、音楽、政治、商業についてであり、大学や学問の話はあまり出てきません。ヴェネツィアに大学ができたのは一九三五年のことで、一〇〇〇年近い歴史を誇るボローニャ大学やピサ大学とは比べものになりません。しかし、現在のヴェネツィアは文化と環境の都市として新しい顔を見せています。そうしたアカデミックなヴェネツィアを紹介しましょう。

移動には水上バス（ヴァポレット）を使います。一号線（各駅停船）か二号線（急行）で回ります。二号線は、東京の地下鉄大江戸線のように、数字の「6」の形をしています（地図10）。線が交わるのがサン・マルコ・ザッカリア駅です。サン・マルコ・ザッカリア駅から出発して、反時計回りに

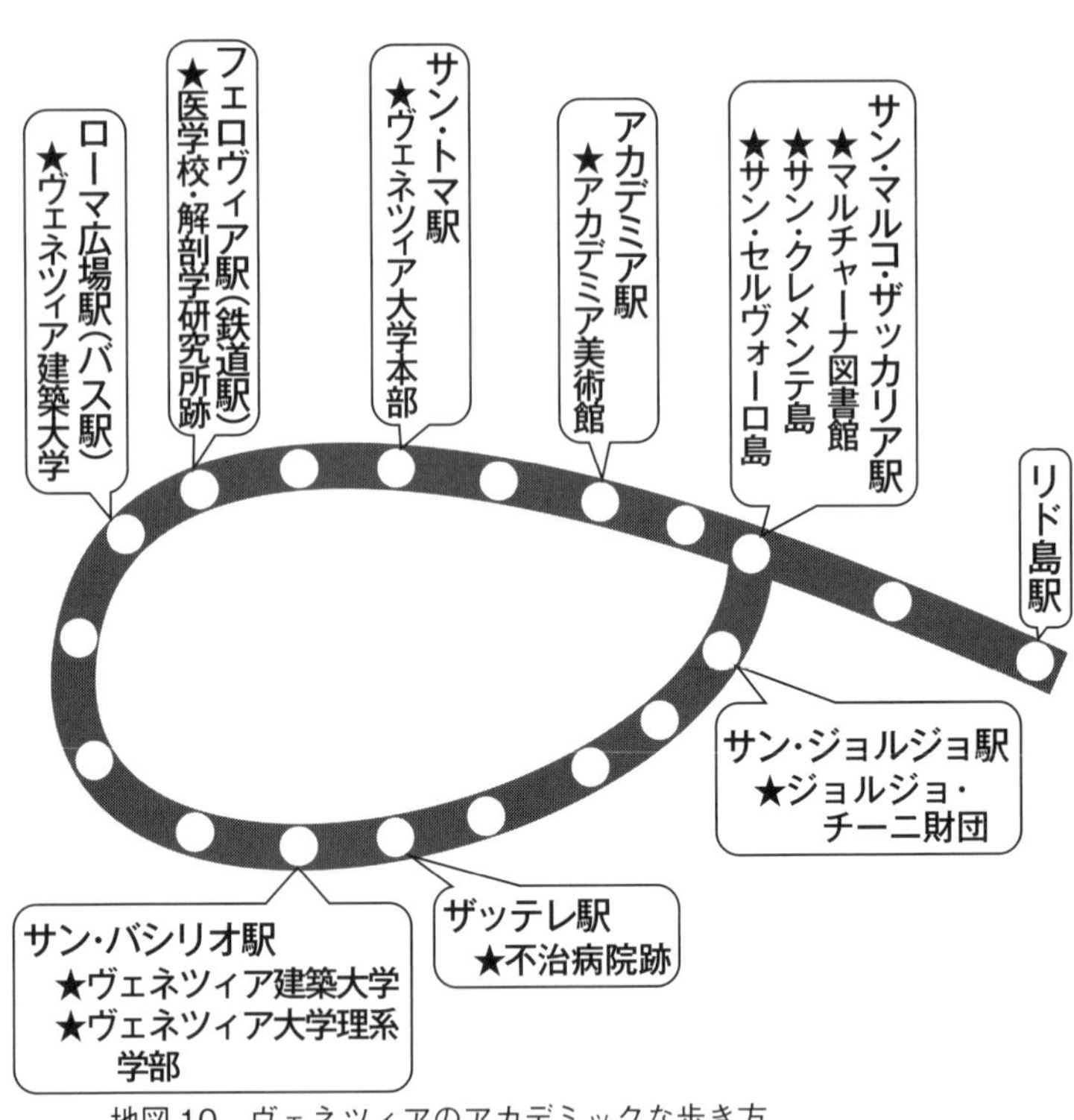

地図10　ヴェネツィアのアカデミックな歩き方
水上バス（ヴァポレット）2号線で回るヴェネツィア

進んでいきましょう。

マルチャーナ図書館に立ちはだかる三つの関門

世界で最も美しいとナポレオンが絶賛したサン・マルコ広場は、地図11に示すように、東はサン・マルコ寺院とドゥカーレ宮殿と鐘楼（カンパニーレ）、北は旧政庁、西はナポレオン翼、南は新政庁に囲まれています。この広場には、マルチャーナ図書館の大広間があり、これを見逃すのはもったいないことなのです。

しかし、ここにたどりつくの

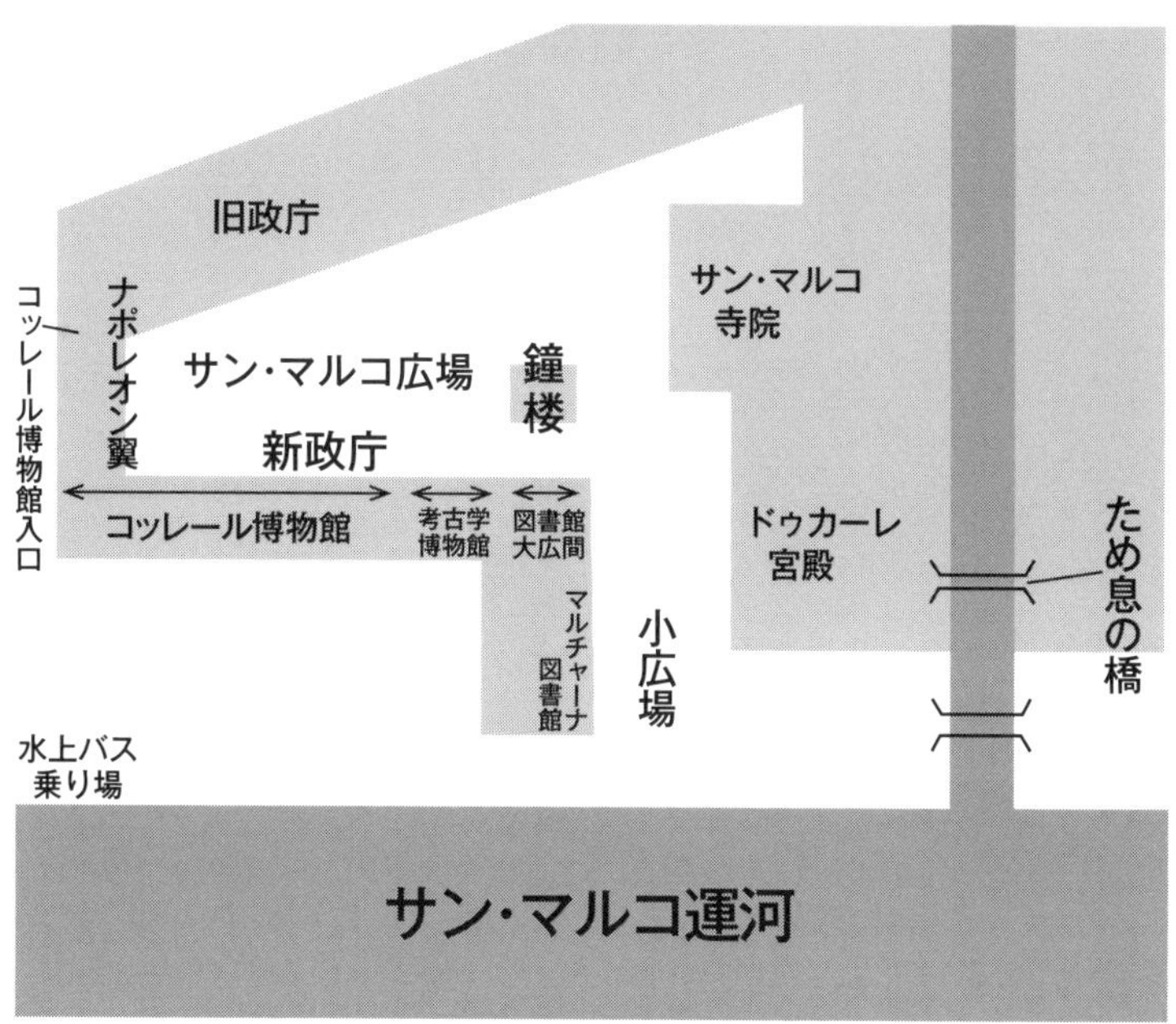

地図11　サン・マルコ広場

は大変です。第一に、入口がわかりにくいのです。地図11に示すように、遠回りして、ナポレオン翼にあるコッレール博物館の入口から入らなければなりません。途中の新政庁の一階は、カフェやブランドショップが並び、観光客であふれ、まさかこんな喧噪の中にアカデミックな遺産があるなどとは思えないのです（写真26）。

第二に、大広間までの経路が複雑で長いのです。ナポレオン翼の二階から新政庁の二階を歩き、地図11に示すように、コッレール博物館と国立考古学博物館を通り抜けて、やっと図書館大広間に着きます。入口から図書館まで一五〇メートルほどはあります。サン・マルコ運河の側から入ると、グルッと遠回りして戻るので、二〇〇メー

写真 26　小広場から見たマルチャーナ図書館と鐘楼（カンパニーレ）

トルは歩きます。なお、小広場に面してマルチャーナ図書館への入口があるのですが、こちらは閲覧の利用者登録をしないと入れません。

第三に、これが最もやっかいですが、途中のコッレール博物館には、カルパッチョの『二人のヴェネツィア夫人』などで知られる絵画館などがあるため、面白くて引き込まれているうちに、図書館のことを忘れてしまうのです。

学問に関するもので埋め尽くされた大広間

ようやくたどりつく大広間（モニュメンタル・ルーム）は、しかし一見の価値があります。部屋全体が学問に関するもので埋め尽くされているのです（写真27）。

まず、天井画に圧倒されます。一五五六年に、ヴェネツィア共和国は七人の画家をここに呼んで、ひとり三枚ずつ絵を描かせました。こうして二一枚の天井画ができました。全体のテーマは自由七科（リベラルアーツ）であり、すべての絵は学問に関係しています。特にヴェロネーゼが描いた『算術と幾何学』『音楽』『名誉』というタイトルの絵が有名です。

また、壁には、一八世紀の学者の肖像画が一五枚飾られています。入口の両側にあるのは、ヴェロネーゼによるプラトンとアリストテレスの肖像です。また、数枚はティントレットによるものです。広間の中には天球儀や古書が展示されています。

写真27　マルチャーナ図書館の大広間
（モニュメンタル・ルーム）

ベッサリオンの蔵書に始まる

マルチャーナ図書館には七五〇年以上の歴史があります。激動の人生を送った聖職者・学者ベッサリオンの図書がもとになっています。ベッサリオン（一三九九～一四七二年）はギリシャで生まれ、哲学者プレティンのもとで学問を修め、ギリシャ正教の大司教となりました。一四三九年に、フィレンツェにおいて、東ローマ教会（ビザンティン教会）と西ローマ教会（カトリック教会）の合同会議が開かれました。東ローマ帝国から七〇〇人の使節団がフィレンツェを訪れましたが、この時、師プレティンにベッサリオンも同行しました。プレティンの提案によってプラトン・アカデミーができたことは3章で述べたとおりです。

この公会議において、プレティンは、東西の教会の合同に反対して、帰国してしまいます。これに対して、ベッサリオンは合同に賛成し、公会議が終わってもフィレンツェに留まりました。彼は、ビザンティン教会からカトリック教会へと宗旨替えし、のちにカトリックの枢機卿となりました。ベッサリオンは、学者としても活躍し、プラトンの哲学をイタリアに普及させることに努力し、また、古代の書物の写本を集めました。その蔵書一〇〇〇冊の書物を、一四六八年にヴェネツィアに寄付したのです。

寄付を受けたヴェネツィアは、一五六〇年に公共図書館を作りました。マルチャーナとは、ヴェネツィアの守護聖人マルコを表しています。当時は、フィレンツェのラウレンツィアーナ図書館（3章参照）を先駆けとして、イタリア各地に大図書館が建てられた時代でした。

ナポレオンに翻弄されたサン・マルコ広場

ナポレオンの侵略により、一七九三年、ヴェネツィア共和国は滅びました。サン・マルコ広場にやってきたナポレオンは、この広場を「ヨーロッパで最も美しいサロン」と讃えましたが、実は、その広場を勝手に作り変えたのはナポレオンにほかなりません。それまで旧政庁舎と新政庁舎の間に建っていた教会を取り壊し、間をつなぐ建物（ナポレオン翼）を建てたのです。一時は、その場所に、パリの凱旋門のようなものを建てる案も出ました。ナポレオンは修道院を廃止したため、そこで蒐集されていた書物がこのマルチャーナ図書館に集められました。

解剖学者ファブリチオの遺言のドラマと謎

マルチャーナ図書館は、のちに、多くの人からの寄贈を受けて、蔵書を増やしていきました。パドヴァの解剖学者ファブリチオもそのひとりですが、そこにはドラマと謎が潜んでいます。ファブリチオ（一五三三〜一六一九年）は、パドヴァ大学に解剖学教室を作ったことで有名です（6章参照）。彼は八冊の解剖学図譜を残しましたが、この中で、脳の前頭葉と側頭葉を分ける溝（シルヴィウス溝）を記述しました。シルヴィウス（一六一四〜一六七二年）の発見よりも前のことです。ファブリチオは、この解剖学図譜を、なぜか母校のパドヴァ大学ではなく、ヴェネツィアのマルチャーナ図書館に寄贈することを遺言しました。こうしてファブリチオの業績は、広大な図書館の中で忘れ去られてしまいました。この本が発見されたのは、三〇〇年後の一九〇九年のことでした。たまたまある解剖学者が見つけたのです。もしファブリチオの仕事が評価されていたら、シルヴィウス溝は

ヴェネツィア

オクスフォード大学

ケンブリッジ大学

写真 28　ため息の橋三様

「ファブリチオ溝」と命名されたかもしれません。

オクスブリッジが理想化した「ため息の橋」

サン・マルコ広場の東側には「ため息の橋」があります。運河にかかる大理石の橋で、独房に入れられる囚人がここで見おさめになる外の景色を見てため息をついたことからこの名が付けられたといわれています。大学関係者であれば、イギリスのオクスフォード大学とケンブリッジ大学の「ため息の橋」を思い出すでしょう。これについては、拙著『イギリス こころの臨床ツアー』を参照ください。写真28に示すように、本家の橋は地味な装飾であるのに対し、イギリスのものはいかにもイタリア・ルネサンス様式といった装飾です。こうした理想化はイギリス人のイタリアへの憧れの強さを示すものでしょう。

二つの図書館

サン・マルコ広場から北東に歩いて五分ほどの所に、クエリーニ・スタンパリア財団があります。この財団は、一八六九年にヴェネツィアの旧家クエリーニ・スタンパリア家のコンテ・ジョバンニによって設立されました。建物は一六世紀に作られたクエリーニ・スタンパリア家の宮殿です。建築家カルロ・スカルパによって改装された建物と中庭を見るために来る観光客もたくさんいます。

一階は図書館、二階は美術館で、一七世紀の貴族の家の内装や家具や美術品を展示しています。

サン・マルコ広場から西へ行くと、ロッシーニやベッリーニを送り出したフェニーチェ劇場があります。その裏にあるのがヴェーネト学院（アテネーオ・ヴェーネト）です。一八一二年に、ナポレオンの命令によって、それまでのヴェネツィア医学会やヴェネツィア文芸アカデミーなどが統合されてできました。一八四八年には、フランスの二月革命の影響でヴェネツィアでも革命が起こり、マニンを大統領とするヴェネト共和国（サン・マルコ共和国）ができました。翌年にオーストリア軍の攻撃で降伏しましたが、これがウィーン体制の崩壊へとつながるのです。この革命を先導したのがヴェーネト学院でした。現在は、二階と三階が図書館、一階はイベント会場になっていて、市民向けの講演会や音楽会が開かれます。

市民病院と墓地の島サン・ミケーレ島

サン・マルコ広場の北のほうには、市民病院があります。ヴェネツィア本島の中では最も大きな総合病院です。水の都ヴェネツィアでは救急車が使えないので、急病の場合は救急船を使います。

病院の岸辺に立つと、すぐ向かい側にサン・ミケーレ島が見えます。この島は市営の共同墓地の島であり、周りを壁に囲まれています。ヴェネツィアでは、もともと死者はそれぞれの教区に葬られていましたが、ナポレオンはこうした風習を禁止しました。そのかわりに、サン・ミケーレ島を

写真 29　ヴェネツィア大学本部のカ・フォスカリ宮（大運河から望む）

共同墓地とし、ここに葬ることにしたのです。有名人の墓もたくさんあります。

その北側には、ムラーノ島、ブラーノ島などの島々があります。空港（マルコ・ポーロ空港）もこの方角にあります。

ヴェネツィア大学のカ・フォスカリ宮を見る

水上バスのサン・トマ駅で降りて、少し歩くとヴェネツィア大学の本部カ・フォスカリ宮があります。カ・フォスカリ宮は、一四五二年に、元首（ドージョ）のフォスカリによって建てられたヴェネツィア・ゴシック様式の美しい建物です。写真29は大運河（カナル・グランデ）から見たものです。大学となった今でも、カ・フォスカリ宮の内部には、中世から伝わる絵画や美術作品が飾られているそうです。大学外者は建物の中には入れませんが、ガラス越しに一階のホールの様子が見えます。敷地には、カフェや大学グッズの売店もあります。広場の南側に小さな門があり、くぐると小さな中庭があります。その奥に大学の美術ギャラリーがあります。

ヴェネツィア大学は、一八六八年にイタリア最初の高等商業学校として創設され、一九三五年に国立大学となりました。一〇〇〇年近い歴史を誇るボローニャ大学やピサ大学に比べると、新しい大学です。

ヴェネツィアは海洋国家でしたが、一五世紀にはイタリア本土にも領土を広げて、ミラノやフィレンツェと戦って、パドヴァなどの領土を獲得しました。ヴェネツィアは本島に大学を作らず、大学教育はもっぱらパドヴァ大学でおこないました。このため、ヴェネツィアは大学とは無縁の島となりました。しかし、一八六一年のイタリア統一で、ヴェネツィアの地位が低下したため、地中海での覇権奪回をめざすべく、高等商業学校が作られたのです。

ヴェネツィアで日本語を教えた悲劇の日本人

高等商業学校は、日本と関係があります。これについて、石井元章氏の『ヴェネツィアと日本――美術をめぐる交流』から紹介しましょう。

明治のはじめに岩倉具視の視察団がイタリアを訪問し、それにより、ヴェネツィアに日本総領事館が設けられました。一八七三年には、高等商業学校の中に、日本語講座が開かれました。この講座の第二代日本語教師になったのは、緒方惟直（一八五三～一八七八年）です。緒方惟直は、蘭学の医者として有名な緒方洪庵の息子で、横浜の仏蘭西語学伝習所でフランス語を学び、一四歳で官費留学生に選ばれました。このヴェネツィア高等商業学校で学ぶかたわら、日本語講座の教師に任命されました。ヴェネツィア女性マリアと交際し、娘をもうけていました。しかし、彼は壊血病により二五歳の若さで亡くなってしまいます。死の床で洗礼を受け、マリアとの結婚が成立しましたが、その五日後に亡くなりました。彼は同僚や学生たちから愛されており、その葬儀には多くの人が参列し、地元の新聞にも取りあげられました。緒方の墓は前述のサン・ミケーレ島にあります。

●「欧州で子を生ませたのは緒方だけではない」――森鷗外

高等商業高校の第四代日本語教師になったのは長沼守敬でした。彼は当時ヴェネツィアの美術アカデミーで勉強していた芸術家であり、のちに東京美術学校の彫刻科教授となりました。彼は森鷗外の『獨逸日記』に登場しています。鷗外は一八八六（明治一九）年七月にミュンヘンを訪れた長沼と出会い、緒方惟直のことを尋ねました。鷗外は緒方の弟と親しかったので、彼の悲劇については知っていました。しかし、緒方は異教の女性と結婚し子をもうけたことを、日本政府には隠していたのです。長沼は、緒方の妻マリアと娘を訪問しました。母子は、緒方の死後、もらったお金を使い果たし、困窮の生活状態でした。長沼は気の毒になり、お金をあげたといいます。鷗外は『獨逸日記』に次のように書いています。「日本人の欧州にありて子を生ませしは、ひとり惟直氏のみならず」。子の養育料は二〇〇〇マルクほどですむのに、留学生はお金がないのでこんな醜いことになるとも書いています。鷗外の女性観がにじみ出ています。鷗外自身が恋愛した欧州女性を捨てるというスキャンダラスな問題作『舞姫』を発表するのは四年後のことです。

学生の街ヴェネツィア

ヴェネツィア大学のキャンパスは島のあちこちに散らばっています。西へ一〇〇メートルほどのサンタ・マルゲリータ広場には、大学の講堂（サンタ・マルゲリータ講堂）があります。この広場は学生に人気があるそうです。

ヴェネツィア大学は四学部からなり、学生数二万人です。ヴェネツィア本島の人口は七万人ですから、学生の占める割合はかなり高いものがあります。一六世紀には娼婦が人口の一割を占めたという歓楽の街ヴェネツィアは、今や学生の街となっています。ヴェネツィア建築大学で大学院生の生活を送った陣内秀信氏の『都市のルネサンス』を読むと、学生の街ヴェネツィアの活気を実感させられます。そうした若い活気の中心がサンタ・マルゲリータ広場です。

ヴェネツィア史研究の聖地——国立古文書館

写真30　国立古文書館（左側の建物はサンタ・マリア・グロリオーザ・ディ・フラーリ教会）

サン・トマ駅から少し歩くと、多くの美術品で知られるサンタ・マリア・グロリオーザ・ディ・フラーリ教会があり、その隣に国立古文書館があります（写真30）。ここには一一世紀からのヴェネツィア一〇〇〇年の歴史が保管されています。

一八七三年にヴェネツィアを訪れた岩倉具視の視察団は、この古文書館で、一七世紀にイタリアを訪れた支倉常長の手紙を発見しました。岩倉は、久米邦武（のちの帝国大学教授）に、署名と花押を模写させました。岩倉は支倉一行に自分たちの姿を二重写しにしていたようです（田中彰『岩倉使節団「米欧回覧実記」』）。

この施設はイタリア史を研究する人にとっては欠かせない場所です。たとえば、『ヴェネツィアの放浪教師――中世都市と学校の誕生』を書くに当たって、著者の児玉善仁氏が利用したのは、国立古文書館の資料です。ヴェネツィア市の視学官だったベルタンザという学者が、この古文書館に保存されている文書を一一年間にわたって調査し、そこから一四〜一五世紀の教師と生徒に関係する資料を網羅的に調べ、一万二〇〇〇枚のカードに書き写しました。学者の仕事というのはこのようなものでしょう。このカードを、デラ・サンタという研究者がすべて原文書と照合・校訂し、年月日順に並べ、保管部署を明記し、四五〇ページにわたる資料文書として発表しました。このラテン語の文書を読みこなして書かれたのが児玉氏の著書です。

解剖用の死体も船で

水上バスのフェロヴィア駅の前は、国鉄のサンタ・ルチア駅です。長さ四キロメートルの鉄道橋でヴェネツィアはイタリア本土と結ばれています。メストレ駅を出た列車は、海の中の延々と続く橋を渡って行き、終点のサンタ・ルチア駅に着きます。出口を出ると、すぐに運河が開け、ゴンドラが見えます。向かいにはサン・シメオン・ピッコロ寺院の緑色の丸屋根が見えます。ちょうど新幹線の窓から東寺の五重塔が見えると京都に来たことを実感するように、この丸屋根を見ると「ああヴェネツィアに着いた」と実感させてくれます。浮き浮きしてくる瞬間です。

フェロヴィア駅から、スカルツィ橋を渡り、南のほうに歩いて一〇分ほどでサン・ジャコモ・デル・オリオ教会に出ます。その広場の一角に三階建ての白い建物があります。ここは昔の医学校です。建物の正面に楕円形の銘板が貼ってあります。

写真 31　解剖学の橋

この地方の医学教育はもともとパドヴァ大学でおこなわれていましたが、ヴェネツィアでも医学や解剖学への関心が高まり、一三六八年に、ヴェネツィア共和国は医師が解剖をおこなうことを法的に認めました。一四八〇年に、医師アレッサンドロ・ベネデッティが解剖の研究所の創設を計画しましたが、実現したのは二〇〇年後のことでした。一六七一年に、サン・ジャコモ・デル・オリオ医学校が創設され、それに附属する解剖学研究所が作られました。

解剖学研究所は、広場の横にある橋を渡った小さな広場に作られました。この橋は「解剖学の橋」（ポンテ・デル・アナトミア）という名前です（写真31）。解剖学研究所が運河に面して作られたのには意味があります。船は、運河を通って、研究所の搬入口に着けられ、解剖のための死体を荷

写真 32　ヴェネツィア建築大学の中庭

揚げしたのです。

橋を渡ってトンネルをくぐると、解剖学の広場（コルテ・デル・アナトミア）があります。一六七一年、この場所に解剖学教室（解剖学シアター）が作られました。ここはパドヴァ大学の解剖学教室をモデルに作られました。部屋の中央に解剖台があり、同心円状の観察席が取り囲んでいました。しかし、一八〇〇年に解剖学教室は焼失し、現在この建物は役所の事務所として使われています。

仙台で客死したヴェネツィア建築大学の学長

水上バスのローマ広場駅の前はバスターミナルです。ヴェネツィア本島に自動車が入れるのはここまでです。

ローマ広場駅から西へ歩きます。橋を渡って、パパドポリ公園の間を通っていくと、ヴェネツィア建築大学（ＩＵＡＶ）があります。しゃれたデザインで、白い板にＩＵＡＶと書かれています。美しい中庭があります（写真32）。大学の建物は、以前は修道院でしたが、ナポレオンによって閉鎖され、以後は軍の兵舎などに利用されていました。現在は、この大学の学長室や中央図書館があり、建築学部が入っています。

ＩＵＡＶは、一九二六年に、美術アカデミーの一部門として高等芸術学校が創設されたのが始まりであり、一九四〇年に大学となりました。現在は学生数約六五〇〇人です。この大学の学長を務めたのが世界的に有名な建築家のカルロ・スカルパ（一九〇六〜一九七八年）です。スカルパは、日本の建築を好んでいたことで知られますが、仙台に来ていたときに、階段で転倒し亡くなりました。

ＩＵＡＶのキャンパスは、市内のあちこちに散らばっています。

理科系の大学キャンパス

サン・バシリオ駅には、倉庫や工場を利用した理科系キャンパスがまとまっています。駅から五分ほど歩くとヴェネツィア建築大学のマガジアーノ・キャンパスがあります。マルチメディアや写真の関係の学科が使用しています。赤レンガの建物が通りを囲んでおり、倉庫を改装して作った校舎とわかります。海側に木の家のオブジェがあります。

その西側へ行くと、少し広い敷地に大学の校舎が並びます。入口の建物にはＶの字形の巨大なオ

写真 33　ヴェネツィア大学のサンタ・マリア・キャンパス

ブジェがのっています（写真33）。一九六〇年までは、一〇〇〇人が働く紡績工場がありましたが、改装されて、大学の校舎として使われるようになりました。敷地の北側は、ヴェネツィア大学のサンタ・マリア・キャンパスであり、数学・物理学・自然科学部が使っています。南側は、ヴェネツィア建築大学のコトニフィチォ・キャンパスです。

　このあたりは港の明るい倉庫街という感じで、ヴェネツィアにこんな散文的な場所があるとは信じがたいものがあります。このような場所でないと大きなキャンパスが作れないのでしょう。このような場所に来ることのない観光客は、ヴェネツィアに大学があるなどとは思ってもみないのです。

ザッテレ駅で降りると、ザッテレ河岸が東西に伸びています。駅から東へ三〇〇メートルほど行くと、二階建ての長い建物があります。これがインクラービリ病院の跡です。インクラービリとは「治癒不能の者たち」という意味であり、一六世紀に、不治の病の患者を収容する病院として建てられました。インクラービリ病院は、一八〇七年にナポレオンによって廃止されました。その後は、孤児院、裁判所、学校などとして使われ、現在は、ヴェネツィア美術アカデミーの本部が使っています。このアカデミーに附属するのが、ティントレットなどヴェネツィア派のルネサンス絵画で有名なアカデミア美術館です。インクラービリ病院からも歩いて行けますが、水上バスだと二号線アカデミア駅（地図10参照）のすぐ前です。

こんな片隅の病院を一躍有名にしたのは作家の須賀敦子です。彼女は、新潮社のとんぼの本シリーズの『ヴェネツィア案内』（一九九四年）に「ザッテレの河岸で」という文を発表しました（『地図のない道』に収録）。須賀はザッテレの岸辺を歩いていて、「不治」という名前の病院跡を見つけ、調べてみようと思います。当時の「不治の病」とはペストのことだろうか、ハンセン病のことだろうかと、調べていくうちに、それが梅毒のことであり、ここに収容されたのが娼婦たちであったことを知ります。須賀は、不治の娼婦たちに深く同情し、この病院跡の中に入って詳しく調べたいと思います。しかし、外をぐるぐると回るばかりで、結局は中に入れず、真実に到達できません。まるでカフカの小説のような感覚が残ります。須賀文学の面白さは、先が読めず、読者の予想を裏切るところです。

須賀は後半生は大学教員として研究者の道を歩みましたが、この文章は歴史論文ではなく、文学です。最後は、治癒の見込みがなく世間から見放されて死にゆく娼婦たちも、病院の対岸のレデントーレ教会を眺めて救いが得られたのではないか、と示唆されて終わります。

須賀敦子と塩野七生の対照

同じく新潮社のとんぼの本シリーズで二〇一二年に出たのが『ヴェネツィア物語』です。この中で、作家の塩野七生は次のように書きます。

ヴェネツィアには庶民的で質素な地区もたくさんありますが、物事を悲観的にしか見ることができない人は、たとえば昔の娼館跡を見ても、「ああ、可哀想」という気持ちになってしまうかもしれません。ところが、私みたいな人間は「この女たちがヴェネツィアの女流文壇を背負っていたんですよ。大したものね」と思う。外国の客と丁々発止で文学論を交わすような娼婦（コルティジャーナ）がいたことを知ってますから。海に沈みゆく現代のヴェネツィアは、見方によっては哀しい街かもしれません。しかし、これだけのものを遺したのだから、さぞや素晴らしい黄金時代があったに違いない……私はそちらの方を知りたいと思うのです。

写真 34　ジョルジョ・チーニ財団（サン・ジョルジョ・マッジョーレ教会の鐘楼から見る）

この文章が、同じシリーズの一九九四年の須賀を皮肉っているのは明らかでしょう。二人ともイタリアを知り尽くした作家ですが、文学の作風は何と対照的なことでしょう。

事故死した息子の名前をつけたジョルジョ・チーニ財団

サン・ジョルジョ駅は、サン・ジョルジョ・マッジョーレ島にあります。サン・マルコ広場から南を見ると、向こう岸に鐘楼とクーポラが見えて印象的ですが、それがこの島です。水上バスを降りると広場があり、サン・ジョルジョ・マッジョーレ教会がそびえていて圧巻です。この教会は、後期ルネサンスの天才建築家パッラーディオの代表作です。教会の鐘楼に登ると、対岸のサン・マルコ広場が見渡せます。

教会前の広場にジョルジョ・チーニ財団の入口があり

ます。教会の鐘楼に登ると、財団の中庭が見渡せます（写真34）。歴史家ブローデルは『都市ヴェネツィア』の中で、この財団を「世界中の文化財団のなかで最も美しいもののひとつ」とし、「純粋な宝石」と讃えています。

この財団は、一九五一年に、ヴィットリオ・チーニ伯爵が、島の修復や国際交流をめざして設立しました。彼は第二次世界大戦中に、ナチスに捕まりダッハウの強制収容所に送られました。それを救うために、息子のジョルジョ・チーニは、ダイヤや宝石などを役人に渡し、何とか父親を救い出しました。その息子が一九四九年に、カンヌ近くで飛行機事故で亡くなります。父ヴィットリオは、息子の名前をつけた財団を作り、財産を文化事業に費やすことにしました。

財団の大きな目的は、この島の修復です。教会の周りには修道院がありましたが、ナポレオンの命令で解体され、その後も占領などで荒廃したため、それを修復するのが目的です。財団の図書館や文書館は、研究者や学生に開放されています。パッラーディオの設計による修道院の建物を利用して、講演会や音楽会、国際会議などが開かれます。一九八七年の先進国首脳会談（サミット）の会場としても使われました。

昔は精神科病院の島、いま五つ星ホテル

水上バスでぐるっと一周してサン・マルコ広場に戻ってきました。この広場から近くの二つの小

写真35　サン・クレメンテ島

さな島を訪ねてみましょう。サン・クレメンテ島とサン・セルヴォーロ島です。いずれも修道院が建てられていましたが、ナポレオンによって解体された後は、精神科病院が作られました。一九七八年にイタリアでは精神科病院が廃止されたため、今では、それぞれホテルと大学の島となっています。ヴェネツィアには、ほかにもハンセン病の病棟の島（サン・ラザーロ島）、伝染病病院の島（ポヴェリア島）、前述の墓地の島（サン・ミケーレ島）など、隔離施設が作られていた島がいくつかあります。これは世界遺産ヴェネツィアの負の部分です。

サン・クレメンテ島に渡るシャトルボートの乗り場は、サン・マルコ広場の桟橋のタクシーボート乗り場の隣にあります。島の見学だけでも乗せてくれます。一〇分くらいで島に着きます（写真35）。

元朝日新聞記者の大熊一夫氏は、イタリアの精神医療のルポ『精神病院を捨てたイタリア　捨てない日本』の中で、この島の数奇な歴史を「昔精神病院の島、いま五つ星ホテル」として紹介しています。病院廃止後、一九九六年に建物が全焼し、無人化し、野良猫三五〇〇匹の収容所となりました。そこに業者が目をつけて、島を買い取り高級ホテルを

写真36　ヴェネツィア国際大学のあるサン・セルヴォーロ島

建てたのです。臨床心理学を専門とする私としてはどうしても行ってみたい場所でした。

ボートを降りると、正門があり、歩いていくと優雅なホテルがあります。島全体は、芝生に覆われた公園のようです。カフェやレストランもあり、これを利用しに渡ってくる人もいます。私が行った時は、ちょうど結婚式がおこなわれていました。のどかな高級リゾート地であり、暗い過去を思わせるものはほとんどありません。島の周りをぐるっと歩くと、北側に教会があります。壁の漆喰は剥がれ落ち、荒れ果てていますが、奥には美しい天井画が残っています。

環境と文化保全のヴェネツィア国際大学

一方、サン・セルヴォーロ島は、病院廃止後、公園となり、一九九七年からヴェネツィア国際大学のキャンパスになりました。サン・マルコ・ザッカリア駅から二〇番の水上バスに乗ると、五分ほどで着きます（写真36）。昔から薬草が栽培される植物の島であり、島全体が緑で覆われています。島には芸術家のオブジェが多く飾られています。北海道生まれでイタリアで活躍している彫刻家安田侃氏が作ったオブジェもあります。五〇×三〇〇メートルほどの小島なのに運動場まであります。大学の建物は新しくて清潔です。

ヴェネツィア国際大学は、一九九五年に作られたコンソーシアム（共同利用施設）です。ブローデルは『都市ヴェネツィア』の中で、ヴェネツィアに国際大学を作ることを提案しましたが、一九九五年に実際にこの大学がオープンしたのです。世界中から一二校が参加し、共同で管理しています。加盟大学から教員が来て教育をおこなっています。日本からは早稲田大学が参加し、教員が派遣されています。授業はすべて英語でおこなわれます。

ヴェネツィア国際大学のテーマは「環境」と「文化保全」です。ヴェネツィアは、海という大自然に取り囲まれた都市です。自然の変化はすぐに都市を脅かします。地下水くみ上げによる地盤沈下と、地球温暖化による海面上昇で、水没の危機に瀕し、高潮（アクアアルタ）に毎年襲われます。環境問題を肌で感じるには、ヴェネツィアに来てみるのがよいでしょう。海のすぐ上に一〇〇〇年にわたる美術品があるため、海面の上昇がこのまま続けば美術品は壊滅するという危うさを実感できます。環境と文化保全をまじめに考えるのに、ヴェネツィアほど適した場所はありません。大津波を体験した日本人にとっては他人事ではありません。

●ヴェネツィアを支える科学テクノロジー

ヴェネツィアとピサは共通したところがあります。イタリア半島の付け根の東西に位置し、昔は海洋国家として栄えましたが、貿易の中心が地中海から大西洋に移るにしたがって、その地位を失いました。外敵の侵入から守るためにラグーナ（干潟）の上に作られたので、地盤が弱いという共通の悩みを持っています。ピサの鐘楼は傾き、ヴェネツィアにも傾いた塔が何本もあります。ピサの港が川の堆積物によって埋まってしまったのに対し、ヴェネツィアは地盤沈下によって海面に沈もうとしている点では対照的です。とはいえ、倒壊や水没といった歴史遺産の危機に対して、科学テクノロジーで対応しようとする点は共通します。ピサの斜塔が、地盤テクノロジーによって支えられているように、ヴェネツィアの歴史遺産は「モーゼ計画」というテクノロジーによって守られようとしています。これはアドリア海の入口に、巨大な可動式の堰を作り、水面を調節しようとする巨大プロジェクトです。「衰退する危機の街」ヴェネツィアは、環境と文化保全の最前線の街として注目されています。

●文化都市として甦るヴェネツィア

ヴェネツィアはこれまで「衰退する都市」として多く語られてきました。毎年高潮に襲われ、一〇〇年後には水没するといわれたり、トーマス・マンの『ベニスに死す』の伝染病に象徴されるように、運河は不潔です。ダンテの死因は、ヴェネツィアに赴いた際にかかったマラリアでした。また、一九二七年にイタリア各地の美術を訪ねた和辻哲郎は、蚊に刺されてヴェネツィアで病気になり、『イタリア古寺巡礼』の最終章を「ヴェネツィアに病む」としています。余談ですが、和辻が留学している間に、妻の照(てる)に言い寄ったのが、和辻の親友であった哲学者の阿部次郎です（末永航『イタリア、旅する心』）。阿部はかねてから照に特別な感情を抱いていたことを伝えて言い寄りました。阿部は『三太郎の日記』の中に、照への思いを匿名で書いています。帰国した和辻はそのことを知り、阿部と絶交しました。四〇年後、和辻と阿部が亡くなってから、照がこのことを雑誌で発表しています。

ヴェネツィアの路地は狭く自動車は入れません。ここに住んでいるのは観光業者と海外の金持ちと高齢者というイメージがあります。しかし、意外なことに、ヴェネツィアは若者の街、大学の街なのです。ヴェネツィアの大学は古い建物の一角を教室としたり、孤島にキャンパスを持つために、観光客が大学に接することが少ないだけです。

前述のブローデルは『都市ヴェネツィア』の中で、これからのヴェネツィアは、学問文化の街として発展すべきだと提案します。実際、ヴェネツィアには研究者や学生のための図書館がたくさんあります。ここで取りあげたマルチャーナ図書館やヴェーネト学院、クエリーニ・スタンパリア図書館などはその一例です。ヴェネツィア国際大学も作られました。また、この街は、ヴェネツィア国際映画祭や、現代美術のヴェネツィア・ビエンナーレなどの文化イベントでも知られます。イスラム教や東洋との交流も深いヴェネツィアは、国際的活動にはふさわしい場所です。

衰退の街ヴェネツィアは学問文化の都市として甦ろうとしているのです。

6章 パドヴァ

科学革命発祥の地

Padova

ボローニャを文科系の学問の発祥地とするなら、パドヴァは理科系の学問の発祥地です。パドヴァ大学は、解剖学のヴェサリウスや生理学のハーヴェイ、物理学のガリレオなどが活躍し、ヨーロッパ科学革命の発祥の地とされます。自然科学の関係者なら一度はパドヴァに行ってみたいものです。

ヴェネツィアから電車で三〇分弱でパドヴァ駅に着きます。パドヴァ市街を地図12に示します。大学本部のボー宮は、本アカデミックツアーのハイライトともいうべき名所です。ボー宮を基点として、東（理学部と医学部）、西（文学・哲学部）、南（政治科学科、大学植物園）を歩いてみましょう。

●ボローニャの娘・パドヴァ大学

駅から南へ歩いて一五分ほどでパドヴァ大学本部に着きます。パドヴァ大学は、学生六万四〇〇

地図 12　パドヴァのアカデミックな歩き方

〇人、大学院生一万二〇〇〇人、教職員四五〇〇人のマンモス大学です。パドヴァ市の人口は二一万人ですから、その三分の一以上を学生が占めることになります。

パドヴァ大学の創設は一二二二年です。この年にボローニャ大学の一部の学生と教師が、ボローニャよりも条件の良いパドヴァに移動して新しい大学団を作りました。このためパドヴァ大学は「ボローニャの娘」と呼ばれます。

ボローニャ大学から多くの大学が派生しました。一二〇四年にはヴィチェンツアへ、一二一五年にはアレッツォへ、一二二二年にパドヴァへ、一二四六年にはシエナへ派生し、ボローニャ大学分校のようなものが作られました（ラシュドール『大学の起源』、横尾荘英『ヨーロッパ大学都市への旅』）。しかも、一二二八年には、パドヴァ大学の一部がヴェルチェリへ移動して大学を作りました。分校の分校のようなものです。

安全で安価に生活でき、教師に高い給料を出してくれる都市があると、大学団はそちらに移動しました。当時の大学は、建物を持たず、人の集まりにすぎなかったので、移動することは容易だったのです。こうした自由な発想は、現代から考えても刺激的です。

しかし、ほとんどの分校は自然消滅し、現在残っているのはパドヴァ大学とシエナ大学だけです。したがって、パドヴァ大学は、現存する大学としてはイタリア第二の歴史を誇ります（表0－1参照）。

パドヴァ大学は、最初は、ボローニャ大学のように、学生主体でした。学生の学頭が大学を運営し、教師は学生に雇われていました。しかし、のちに教師の給料が高くなるにつれて、パドヴァ市が財政を担うことになり、こうして学生主体の制度は薄れていきました。

ヴェネツィアの支配

一四〇六年、パドヴァはヴェネツィア共和国によって占領されました。七世紀に共和制を敷いたヴェネツィアは、一五世紀に最盛期を迎えました。海軍は地中海全体に進出し、ミラノやフィレンツェと戦って、内陸部にも領土を広げました。この頃のヴェネツィアは、パリに次ぐヨーロッパ第二の大都市となっていました。ヴェネツィア共和国は大学を持たなかったので、パドヴァ大学を自分たちの大学として保護しました。ヴェネツィア領の住民はパドヴァ大学以外には入学できないことになったのです。ヴェネツィアとパドヴァ大学の関係は、前述のフィレンツェとピサ大学の関係と同じです。

ヴェネツィアの庇護のもと、パドヴァ大学は栄えました。今でも、本部ボー宮の正面には、ヴェネツィアのシンボルマークである羽のあるライオンの像があり、ヴェネツィア支配の名残(なごり)を留めています（写真37）。ヴェネツィア本島が大学を持つのは一九世紀になってからのことです。

写真 37　パドヴァ大学本部の外観（正面にはヴェネツィアのシンボルである羽のあるライオン）

牛を意味するボー宮

大学本部の建物はボー宮（パラッツォ・デル・ボー）と呼ばれます。この建物は、一三世紀に作られ、一四世紀にはホスピティウム・ボーヴィスというホテルとなりました。ボーヴィスの「ボー」というのは、牛のことです。このあたりは牛肉の取引がおこなわれた場所でした。

はじめのうち、パドヴァ大学は、固有の建物を持たず、教師の自宅や教会を借りて授業がおこなわれていましたが、一四九三年に、法学がボー宮に教室を構えました。一五三九年には、教養諸学・医学

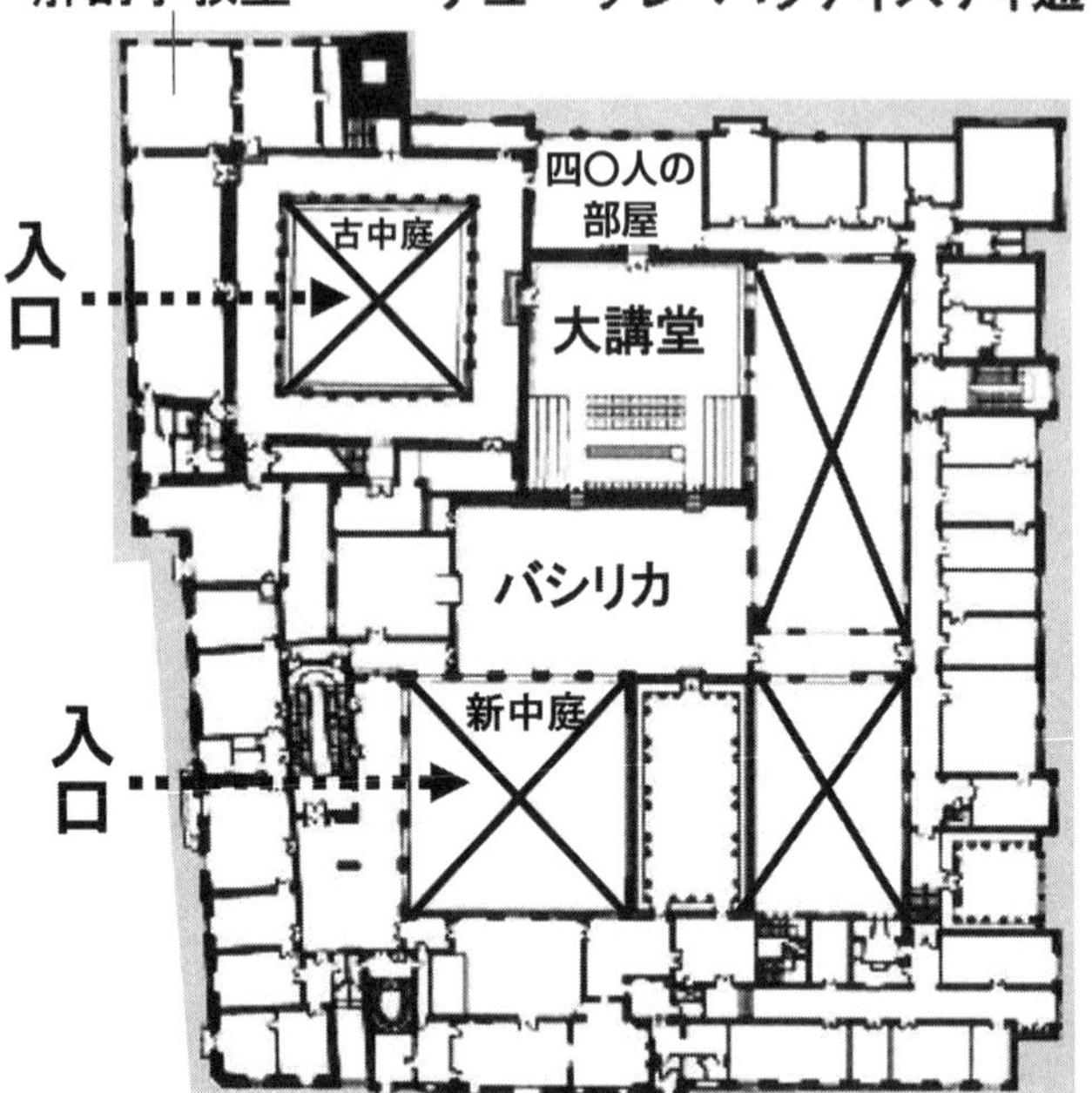

☒は吹き抜けの中庭

地図13　パドヴァ大学本部（ボー宮）

もまとまって、大学全体がボー宮を本部としました。ボローニャ大学がアルキジンナジオ宮を建てた一五六三年よりも二〇〇年以上前のことであり、校舎の整備では本家よりパドヴァ大学が先行したわけです。

ボー宮の一階部分

ボー宮の平面図を地図13に示します。上から見ると、中庭が四つあり、歪んだ「田」の字の形をしています。二月八日通りに面した二つの中庭は、それぞれ古中庭（コルティーレ・アンティーコ）、新中庭（コルティーレ・ヌォーヴォ）と呼ばれます。

二月八日通りに入口があります。一階部分は、にぎやかな商店街になっており、観光客であふれ、まさかこれが大学の建物とは想像できません。アーチをくぐると、三階分吹き抜けの古中庭になっており、やっと大学らしい厳かさを感じることができます。ボローニャのアルキジンナジオ宮やヴェネツィアのマルチャーナ図書館でもそうですが、喧噪と静謐が隣り合わせになっているのはイタリアの特徴です。

入口を抜けると、古中庭があります。一階と二階は回廊が囲んでいます。一階部分はドーリア式の柱で、二階部分はイオニア式です。

おびただしい数の学生の名前入り紋章

古中庭の回廊には、階段の壁といわず天井といわず、紋章の盾が飾られています。この大学の学生が、自分の名前や家族名や出身地を入れた盾を飾ったものです。紋章の大きさには序列があり、学頭をつとめた学生のものが最も大きく、次に評議員、ふつうの学生の順です。後述の大講堂の壁にも紋章が飾られています。

紋章が毎年増えていき、しだいに華美になっていったので、一六八八年にヴェネツィア共和国は新しいもの飾ることを禁じたほどです。

また、入口から入って右のほうに、大学グッズのショップがあります。

ボー宮のガイドツアー体験記

ボー宮は、科学と学問の歴史がつまった知のテーマパークです。

解剖学教室などの名所は、ボー宮の二階にあります。ボー宮の一階の回廊は自由に見学できますが、二階の内部を見学するには、大学のガイド付きツアーに参加する必要があります。

ツアーは一日に数回おこなわれ、チケットは開始一五分前に発売されます。なかなかの人気なので、早めに行かないと、並んでもチケットが手に入らないことがあります。ガイドはイタリア語と英語とで交互に説明してくれます。案内される場所は、大学の行事などで変わることがあります。以下は私のツアー体験記です。

ガリレオの生涯で最良の年

まず案内されるのは、大講堂です（写真38）。きわめて豪華な部屋ですが、もともとはホテルの大食堂でした。のちに法学の教室として使われました。

この部屋は「ガリレオの部屋」とも呼ばれます。ガリレオは、二八歳から四六歳までパドヴァ大

写真 38　大講堂（アウラ・マーニャ）「ガリレオの部屋」
（正面の肖像画はガリレオ）

学の数学教授をつとめました。パドヴァ時代のガリレオは、自由落下の法則を発見し、望遠鏡を改造して天体を観測し、木星の四つの衛星を発見したり、さまざまな科学上の業績をあげ、パドヴァ時代をみずから「生涯の中で最良の年」としています。パドヴァには、ガリレオゆかりの場所がたくさんあります。

ガリレオが大学で講義をすると多くの聴講者が集まったため、当時は法学の授業だけがおこなわれていた大講堂を使うしかなかったのです。大講堂の正面には、ガリレオの肖像画が飾ってあります。

写真38からもわかるとおり、大講堂の壁はおびただしい数の飾りがはりつけられています。

また、印象的なのは天井画です。一九世紀にカルリーニが描いた『知識と訓練』というタイトルの絵です。

不思議な空間バシリカ

大講堂の南側には、バシリカという大きなホールがあります。一二本の赤い柱が二列に並んでいる不思議な空間です。

この部屋は、一八世紀にジォバンニ・ポレーニ（一六八三～一七六一年）によって物理学の実験室として作られました。ポレーニは、パドヴァ大学の天文学の教授になり、物理学の主任をへて、ニコラウス・ベルヌーイ（ベルヌーイの法則で知られるダニエル・ベルヌーイの兄）の後を継いで数学の教授になりました。水力工学の業績で有名です。部屋にはポレーニの胸像も飾られています。

この部屋には、コペルニクスやガリレオなど、この大学で活躍した学者の胸像が立っています。壁に描かれた絵が印象的です。戦争中のこの大学の学生が果たした役割を描いたピオ・カサリーニの一九四二年のフレスコ画です。

四〇人の部屋とハーヴェイ

大講堂の北側には「四〇人の部屋」があります（写真39）。パドヴァ大学で学び、本国に帰って有

写真39　四〇人の部屋

名になった外国人留学生四〇人の肖像画がかかっていますので、こう呼ばれます。当時、スペインやロシアやギリシャなどヨーロッパ中から学生が集まったことがわかります。

ここで、ツアーのガイドは、ツアー参加者に、どの国から来たかを尋ねます。そして、その国から来た学者の肖像があれば、説明します。意外だったのは、ツアー参加者のほとんどはイタリア以外であり、イギリス、ドイツ、フランス、スウェーデン、スペインなど、ヨーロッパ中から来ていたことでした。

四〇人の中で最も有名なのは、血液循環を発見したイギリスの生理学の祖ハーヴェイ（一五七八～一六五七年）です。彼はケンブリッジ大学で医学を学び、ロンドンの病院で臨床にたずさわり、科学的な血液循環論を完成させました。ハーヴェイは、①実験的な方法と理論構築をともに重視し、②定量的な方法を取り入れ、③人体の仕

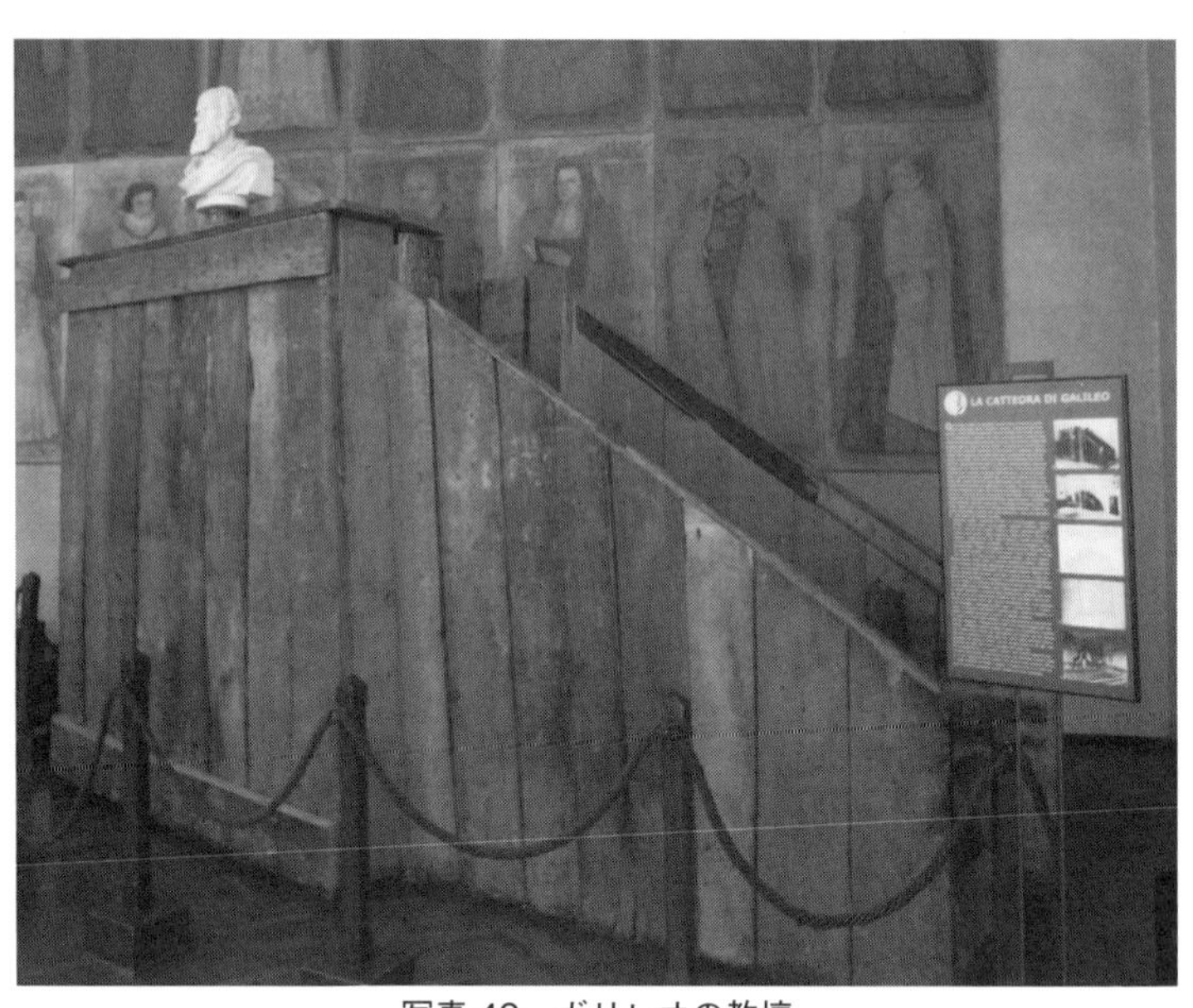

写真40　ガリレオの教壇

組みを機械として把握した、といった点で、近代科学としての生理学のパラダイムを作りました（村上陽一郎『西欧近代科学』）。ハーヴェイの論文「動物の心臓ならびに血液の運動に関する解剖学的研究」が書かれた一六二八年は、近代医学の始まりの年とされています。

ガリレオの教壇

四〇人の部屋には、ガリレオが講義をした教壇が保存されています。ぼろぼろの木製の台です。階段を上って、壇上から講義するようになっています（写真40）。

壇の上にはガリレオの石膏像が置かれています。

みずからの死体を解剖用にささげた教授たち

ガイドツアーは次に医学講堂に入ります。この大学の有名な医学者の肖像画が四十枚近く貼ってあります。ヴェサリウスやコロンボ、ファロピオ、ファブリチオなど、この大学の解剖学の創始者たちです。一面には、解剖された人体の絵が描かれています。

部屋の中にガラスケースがあり、その中には頭蓋骨がたくさん展示されています。これは一九世紀までの医学部の教授たちの頭蓋骨です。昔の医学や解剖学の教師は、死後の自分の身体を解剖用に大学に寄付する伝統がありました。

日本でも、東京大学本郷キャンパスの医学部二号館本館裏には解剖台の顕彰碑があり、実際の解剖台が展示されています（見学可能）。この台にはちょうど日章旗のような溝が掘られていますが、これは血液を中央に集めるための溝です。この解剖台で東京大学医学部の教授の死体の解剖がおこなわれました。日本でも解剖学の教授はみずからを献体したようです。

三〇〇人を詰め込む解剖学教室

次に、有名な解剖学教室に入ります。一五九五年に、解剖学者ファブリチオによって作られた世界最初の解剖の講義室です。

この部屋は、図6－1に示すように、深いすり鉢の形をしており、底の部分に解剖台があります。それを囲む見学席は六段になっており、急な勾配です。こんな狭い空間に三〇〇人が詰め込まれま

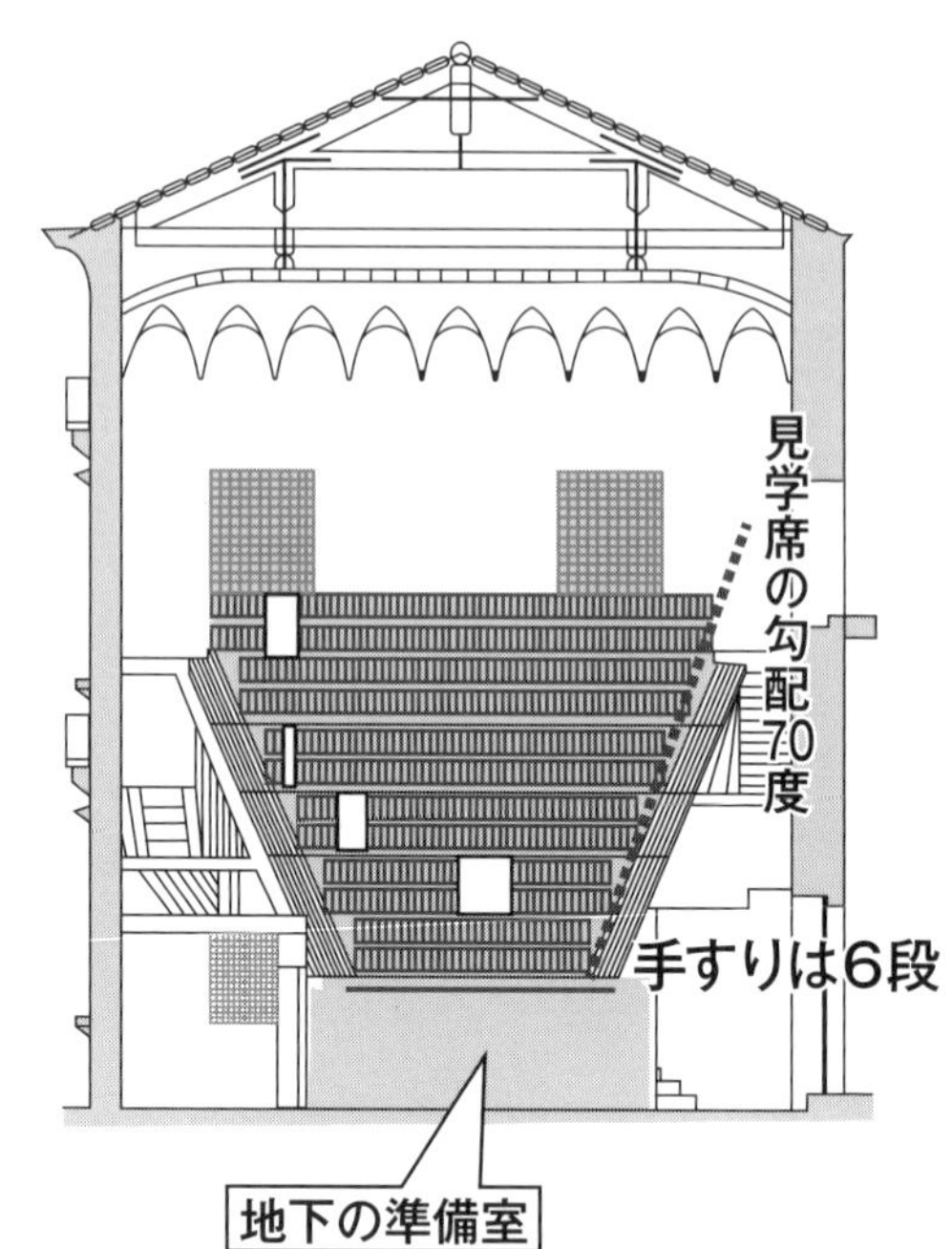

図6－1　パドヴァ大学の解剖学教室の断面図
（パドヴァ大学のパンフレットより）

した。学生は手すりから身体を乗り出して見るため、落ちてしまう者も多かったということです。

一七八六年にこの教室を訪れたゲーテは、『イタリア紀行』の中でこう非難しています。

> 大学の建物は、見かけだけはいやに堂々としているが、いささか恐れ入った。自分はこんな所で勉強せずにすんで幸であった。……ドイツの大学の学生でも、聴講席において少なからず不自由な目を見なければならないが、しかしこんな狭苦しい学校は想像がつかない。特に解剖学教室ときては、いかに学生を圧縮すべきかの典型のようなものである。先の尖った丈の高い漏斗のような中に、聴講生は幾段にも積み重ねられている。彼らは卓のおいてある狭い床を直下に見おろすのだ。卓には光が射しこまないので、教師はランプの光で実物教授をしなくてはならない。（相良守峯訳、岩波文庫）

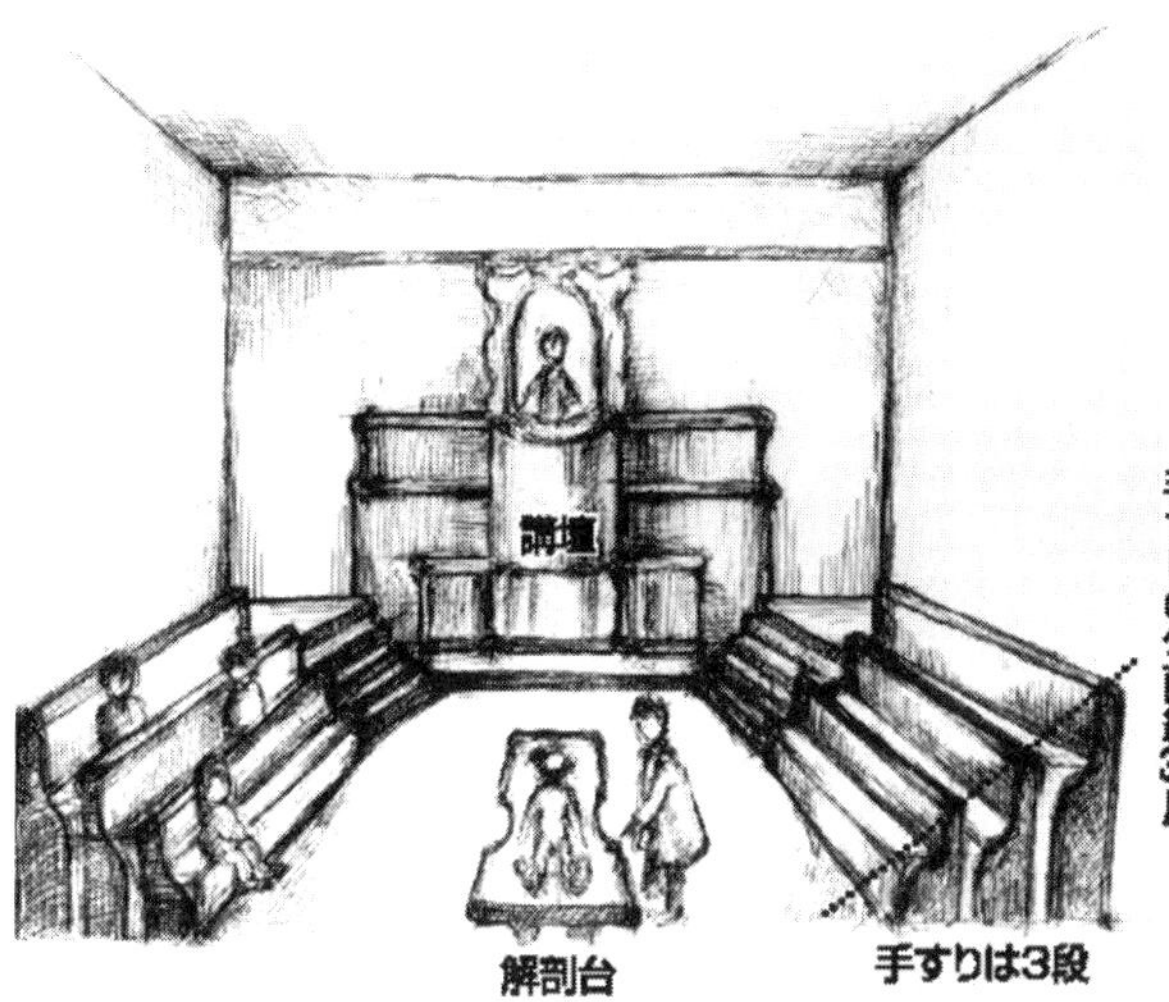

図６－２　ボローニャ大学の解剖学教室

この教室がいかに狭いかは、ボローニャ大学の解剖学教室と較べれば明らかです（図６－２および２章の写真10参照）。部屋の広さは、ボローニャが一三×二〇メートル（推定）なのに対して、パドヴァは七・五×九メートルしかありません。ほぼ四分の一の面積です。見学席の勾配は、ボローニャが三〇度なのに対して、パドヴァは七〇度もあります。見学席の段数は、ボローニャが三段なのに対して、パドヴァはその倍です。ボローニャ型が死体を横から見るのに対して、パドヴァ型は上からのぞき込む形です。

こうした劣悪な環境は、解剖学をめぐる状況からきています。当時、人体解剖は禁止されておりアンダーグラウンドの世界でした。いつ官憲に踏み込まれるかびくびくしながら、秘密裡に解剖がおこなわれました。

底の解剖台の下には穴があいており、図6－1に示すように、地下の準備室とつながっています。解剖用の死体は、地下から解剖台に持ち上げられました。もし、解剖中に官憲が来たら、死体を地下に落として隠しました。警察に踏み込まれた賭博場が証拠を隠滅するようなものです。部屋には窓もなく、松明（たいまつ）やランプをつけて解剖をおこなっていました。天井から光を採るようになったのは、一八四四年のことです。この教室は、一八七二年まで実際の解剖講義で使用されていました。

解剖学はこうして中世から脱皮した

こうした劣悪さにもかかわらず、世界に普及したのは、ボローニャ型ではなくパドヴァ型の解剖室でした。ボローニャ型では中世の古臭い授業がおこなわれていました。図6－2に示すように、高いところに講壇があり、ここに教師は座ってラテン語の本を読み上げます。解剖台で死体の解剖をおこなうのは助手でした。助手は、教師から指示された臓器を指し示します。学生はそれを見るのですが、遠いし暗いので、よく見えませんでした。

こうした中世の講義スタイルを改革したのがパドヴァ大学のヴェサリウスです。彼はみずから解剖台で解剖しながら、学生に近くから臓器を観察させました。彼によって解剖学は中世から近代へと脱皮しました。ヴェサリウスの後継者であるファブリチオが作ったのがこの解剖学教室です。新しい講義スタイルには、すり鉢状のパドヴァ型のほうが適していました（藤田尚男『人体解剖のルネサンス』）。

パドヴァ型の教室は、オランダのライデン大学やスウェーデンのウプサラ大学など、欧米に広まりました。今でも見られるものとして、ロンドンの旧セント・トーマス病院手術室博物館（拙著『ロンドン　こころの臨床ツアー』参照）や、ボストンのマサチューセッツ総合病院エーテルドーム（拙著『アメリカ　こころの臨床ツアー』参照）などがあります。

解剖用の死体の目になって

ガイドツアーでは、解剖学教室の中には入れませんでした。そのかわり、すり鉢の底の穴から頭を出して、上の教室を仰ぎ見ることができました。ちょうど自分が死体の位置にいて、上をのぞくわけです。穴は小さいので、一回にひとりしかのぞけず、ひとりでせいぜい数秒くらいしか見られないのは残念でした。

解剖学教室の地下は、隣の準備室とつながっています。この準備室は、かつては「台所」と呼ばれていたそうです。この部屋には、解剖教室の一〇分の一の木製模型、解剖学の歴史やヴェサリウスの図、医療器具の歴史など、いろいろなものが展示されています。

ボー宮のガイドツアーはこの部屋で解散となります。

図6－3　ヴェサリウス（『ファブリカ』所収の版画）

ヴェサリウスの数奇な生涯

パドヴァにはすでに一二二二年には医学校ができていましたが、一六世紀に、ヴェサリウスの出現によって、医学の最先端に躍り出ました。アンドレアス・ヴェサリウス（一五一四～一五六四年）は、ベルギー生まれで、二三歳でパドヴァ大学の外科学・解剖学の教授となり、二九歳で大著『ファブリカ』を出版しました（図6－3）。この書物によって解剖学は中世から近代へと脱皮しました。それまでの解剖学は、古代ローマ時代のガレノスにしたがう文献学でした。これに対して、ヴェサリウスは、みずからメスをとって死体を解剖し、実際の観察にしたがって記述しました。ヴェサリウスが解剖学の教育方法を大きく変えたことは前述のとおりです。

『ファブリカ』は大きな論争を巻き起こし、ガレノスを信奉する学者たちから強い批判を受け、ヴェサリウスは大学を辞めてしまいました。ヴェサリウスがパドヴァ大学で解剖学を研究したのは、意外にも十年間ほどでしかありません。その後、彼は宮廷の侍医となり、スペインに移りました。五〇歳の時にエルサレムに巡礼に出かけましたが、帰途に船が難破し、病にかかり不幸な死を遂げました。

●パドヴァ医学者列伝

ヴェサリウスが去った解剖学の教授を継いだのは、コロンボ（一五一六～一五五九年）、ファロピオ（一五二三～一五六二年）、ファブリチオ（一五三三～一六一九年）でした。この三人は歴史に名を残す解剖学者であり、パドヴァ大学は世界の解剖学を牽引しました。とくにファブリチオは三二歳で教授になり、引退するまで五十年近く研究を続けました。ガリレオの主治医であったことでも知られています。しかし、ファブリチオの解剖学図譜が、パドヴァ大学ではなく、ヴェネツィアのマルチャーナ図書館に寄贈されたため、彼の解剖学的な業績（シルヴィウス溝の発見）が埋もれてしまったことは、5章で述べたとおりです。

ファブリチオのもとで研究したのが、前述のハーヴェイです。イギリス人のハーヴェイは一五九九年にパドヴァ大学を訪ね、ファブリチオのもとで学び、一六〇二年に医学博士の学位をとって帰国しました。その研究が、のちに血液循環の原理を打ち立てるのに役に立ちました。ケンブリッジ大学の歴史家バターフィールドは、ヴェサリウスとハーヴェイが生理学の科学革命をもたらしたとしています。

その後のパドヴァ大学は、産業医学の父ラマッツィーニ（一六三三〜一七一四年）や、病理解剖学の創設者モルガーニ（一六八二〜一七七一年）といった医学者を輩出しました。

世界で初めて学位をとった女性

古中庭の二階に上がる階段の下のところに、世界で初めて女性で学位をとったピスコピアの大理石像があります。エレーナ・コルナロ・ピスコピア（一六四六〜一六八四年）はヴェネツィア生まれの女性で、パドヴァ大学で一六七八年に哲学博士の学位をとりました。パドヴァ大聖堂で開かれた彼女の学位授与式には、大学の教員・学生をはじめ、多くの市民が来て、彼女の講演を聴きました。しかし、その七年後に、結核により、三八年の生涯を閉じました。彼女の像が作られ、サンタントニオ聖堂に置かれていましたが、ここに移されました。

「英雄の入口」のオブジェ群

二月八日通りの南側の入口から入ってみましょう。入口のあたりは「英雄の入口」という名前です（写真41）。

「英雄」というのは、一八四八年から一九四五年の間に戦争や内乱において、独立と自由のために犠牲となった学生たちのことを意味しています。イタリアでは、一八四八年の革命、一八六〇年前後のイタリア統一戦争（リソルジメント）、一九一四年の第一次世界大戦、一九三九年の第二次世界大戦と、たてつづけに戦争が起こり、学生たちが戦場で犠牲となりました。

階段の横には『パリヌルス』というタイトルの白い像があります。この作品は、ファシズムに対するレジスタンスの戦いで命を落とした卒業生プリモ・ヴィセンティンに捧げられた一九四七年の作品です。「パリヌルス」とは、古代ローマ神話の登場人物で、ローマ建国の祖アイネイアースの

写真41　英雄の入口（壁画は『人類と文化』）

操舵手を務めました。パリヌルスは、船でイタリアに上陸する直前に、アイネイアースと神の取引によって溺死させられてしまいます。こうした犠牲によって、アイネイアースはイタリアに上陸してローマを建国することができたのです。この彫刻は、ファシズムからの自由を願いながら、あと少しというところで犠牲となったヴィセンティンをパリヌルスに重ねたものです。

写真 42　『ガリレオの螺旋』

その横の階段の壁はフレスコ画で埋まっています。ジオ・ポンティがデザインした『人類と文化』というタイトルの絵です。科学の発展の過程を描いたもので、若い学生が先輩に導かれて上っていきます。上るにつれて、学生は成長していきます。しかし、階段の上では、知識の無限を知って落胆し、持っていた本を落としてしまいますが、「私はまだ学び続ける」とつぶやきます。

新中庭と法学部

入口を抜けると、新中庭があります。周りの上の階では、法学部の授業がおこなわれています。新中庭の南側には、ガイドツアーのチケット売り場と集合場所があります。

二階の正面に白い浮き彫りがあります。これは、戦争中に作られたもので、軍服を着た教師や学生の姿を描いたアッティリオ・セルヴァの作品です。パドヴァ大学学生の戦争の精神を描いています。その下にはラテン語で慰霊の言葉が書いてあります。

また、新中庭には『ガリレオの螺旋』というモニュメントが立っています（写真42）。一九九二年にジオ・ポモドーロが作ったもので、写真だと小さく見えますが、三メートルくらいもある大きいものです。

奥のほうには古代騎士の像があります。西側の壁には材木のオブジェがはめ込まれています。一九九五年のジャニス・コウネリスの作品『抵抗と解放』です。ファシズムへの抵抗運動をおこなった三人の大学人に捧げられた政治的なモチーフの作品ですが、一見するとのどかな前衛芸術のオブジェに見えます。

ガリレオ研究所

ボー宮の東にある自然科学系のキャンパスを訪ねてみましょう。マルツォロ通りの両側に、理学部や薬学部の建物が並んでいます。さらに東のほうには、工学部や心理学部があります。

マルツォロ通りの南側に、パドヴァ大学物理学研究所があり、ここは「ガリレオ研究所」と呼ばれています。『世界の名著 26 ガリレオ』の豊田利幸氏の解説によると、この建物の一階には、ガリレオの眼鏡が展示されているそうです。

ガリレオの時代は、パドヴァ大学のすべての学部がボー宮の中にありましたが、一九世紀後半から理科系の学部は郊外にキャンパスを拡張するようになりました。

「科学革命」発祥の地パドヴァ

歴史家バターフィールドは、『近代科学の誕生』（一九五七年）の中で「科学革命」という概念を提唱しました。一六～一七世紀の「科学革命」こそが、中世と近代とを分かつものであり、これに比べるとルネサンスや宗教改革も小さな事件にすぎません。この書の中で、彼は「もしも科学革命の発祥地を一個所に限るとしたら、他のどこに比べてもパドヴァ大学が卓越している」と述べています（渡辺正雄訳、講談社学術文庫）。このパドヴァにおいて、スコラ哲学やアリストテレスなどの文献を研究するだけだった科学は、実験という方法論をともなった実証学へと脱皮したのです。こうした革命が、物理学のガリレオ、天文学のコペルニクス、解剖学のヴェサリウス、生理学のハーヴェイといった有能な科学者をパドヴァに引きつけたのです。

なお、ボー宮と物理学研究所の間には、ジョットの壁画で知られるスクロヴェーニ礼拝堂があります。この壁画は、ルネサンスより二〇〇年前の一三〇五年に描かれたもので、絵画の歴史を変え、ミケランジェロなど多くの画家に影響を与えました。絵画の革命もまたパドヴァで起こったのです。礼拝堂を見るには、予約制のガイドツアーに参加する必要がありますが、パドヴァに来てジョットを見ないで帰るのはもったいないことです。

パドヴァ大学医学部

写真 43　市民病院の中庭（上）と南側の高層ビル

理学部から南に五〇〇メートルほど行くと、大学病院と医学部があります。大学病院は、東西南北の四地区に分かれます。西地区には市民病院があります。通りの側は、二階建ての古い建物が長く続きます。北側の入口から中に入ると、噴水のある静かな中世風の中庭があります（写真43）。

南側に抜けると、病院の巨大な高層ビルが林立しています。中世のような市民病院と高層ビル群の対比は面白いものです。

写真44　カフェ・ペドロッキ

学生暴動の銃弾が残るカフェ・ペドロッキ

さて、ボー宮に戻り、西側へ歩いてみましょう。二月八日通りをはさんで、ボー宮の北西のはす向かいにカフェ・ペドロッキがあります（写真44）。ドーリア式の列柱が立ち、ライオン像を前に従えた立派な建物です。はじめ私はここを大学本部と見間違えてしまいました。このカフェは、パドヴァ大学と大きな関係があります。ヨーロッパの一八四八年革命は、パドヴァでは学生とオーストリア占領軍の激しい市街戦となりましたが、そのきっかけは、二月八日に、カフェ・ペドロッキで学生が撃たれたことでした。その時の銃弾の跡がカフェの中に残っています。またここは、スタンダールの『パルムの僧院』の冒頭に登場することでも知られています。

天文学ゆかりの地

ボー宮の西にシニョーリ広場があり、広場の西側に大

写真 45　シニョーリ広場の天文時計

きな時計台があります（写真45）。これはイタリア最古の時計です。一三四四年に天文学者ジャコポ・ドンディによって作られ、天文時計になっています。

時計台の下の門をくぐると、カピタニアート広場に出ます。広場の南側にパドヴァ大学の文学・哲学部があります。その隣はリヴィアノ宮という大学の建物で、中に大学の考古学科学芸術博物館があります。

時計台の前の通りはダンテ通りといいます。通りを北へずっと行くとモリノ橋があります。この橋の袂に立っている塔で、ガリレオが天体観測をしました。パドヴァでガリレオは、望遠鏡で天体を観測し、木星の四つの衛星を発見しました。星界と地上界が同じであることを発見し、後に『星界の報告』として出版し、キリスト教の教えと対立することになりました。

また、ダンテ通りを南に行くと、すぐにパドヴァ大聖堂（ドゥオーモ）があります。そこから五〇〇メートルほど南西には、ラ・スペコーラというパドヴァ大学の建物があります。近くを流れる川が二股に分かれる場所に美しい塔が立っており、パドヴァの隠れた名所になっています。そこはパドヴァの専制者ダ・ロマーノが作った城で、政敵を閉じこめる監獄として恐れられましたが、一七六一年に、気象学者アボット・トアルドが、城の塔を利用して大学の観測所を作ったのです。のちに天文台となり、ラテン語でスペクラ・アストロミカと呼ばれ、ラ・スペコーラと称されるようになりました。現在、大学の天文学博物館が入っています。

ガリレオの家

再びボー宮に戻り、南側へ歩いてみましょう。二月八日通りの一本東側のポンティ・ロマーニ通りを南下すると、西側に大学の管理棟があります。ポンティ・ロマーニ通りのさらに東側のデル・サント通りを南に行くと、パドヴァ大学の政治科学科、地理学科などの建物が集まっています。

さらに南へ歩くと、ガリレオが住んでいたガリレイ通りがあります。ガリレオの家はもうありませんが、住んでいた場所には銘板が貼ってあります。豊田氏によると、講義があまりに面白かったので、学生たちはガリレオの後を追って、ガリレオの家までぞろぞろついてきたということです。ガリレオは、パドヴァの自宅を下宿屋にして、一五〜二〇人くらいの金持ちの学生をかかえて、個人教授をしていました。これは当時の大学教授としてはふつうのことでした。

デル・サント通りをさらに南へ歩くと、カトリックの聖地サンタントニオ聖堂があります。前にドナテッロ作の騎馬像が立っています。

世界遺産・パドヴァ大学植物園

その南に、パドヴァ大学の植物園（オルト・ボタニコ）があります。パドヴァで唯一の世界遺産です。大学の施設で世界遺産になっているのは珍しいことです。一五四五年に、パドヴァ大学の植物学者フランチェスコ・ボナフェーデによって作られました。当時の薬草学は古い文献に頼るばかりでしたが、ボナフェーデは、植物を直接観察する必要があると考えました。まさに、文献研究から、観察や実験にもとづく自然科学へと脱皮したヴェサリウスの時代でした。4章で述べたように、世界最古の大学植物園は、一五四三年にピサ大学に作られましたが、その後場所を変えたので、現存する最古の植物園はパドヴァ大学とされています。

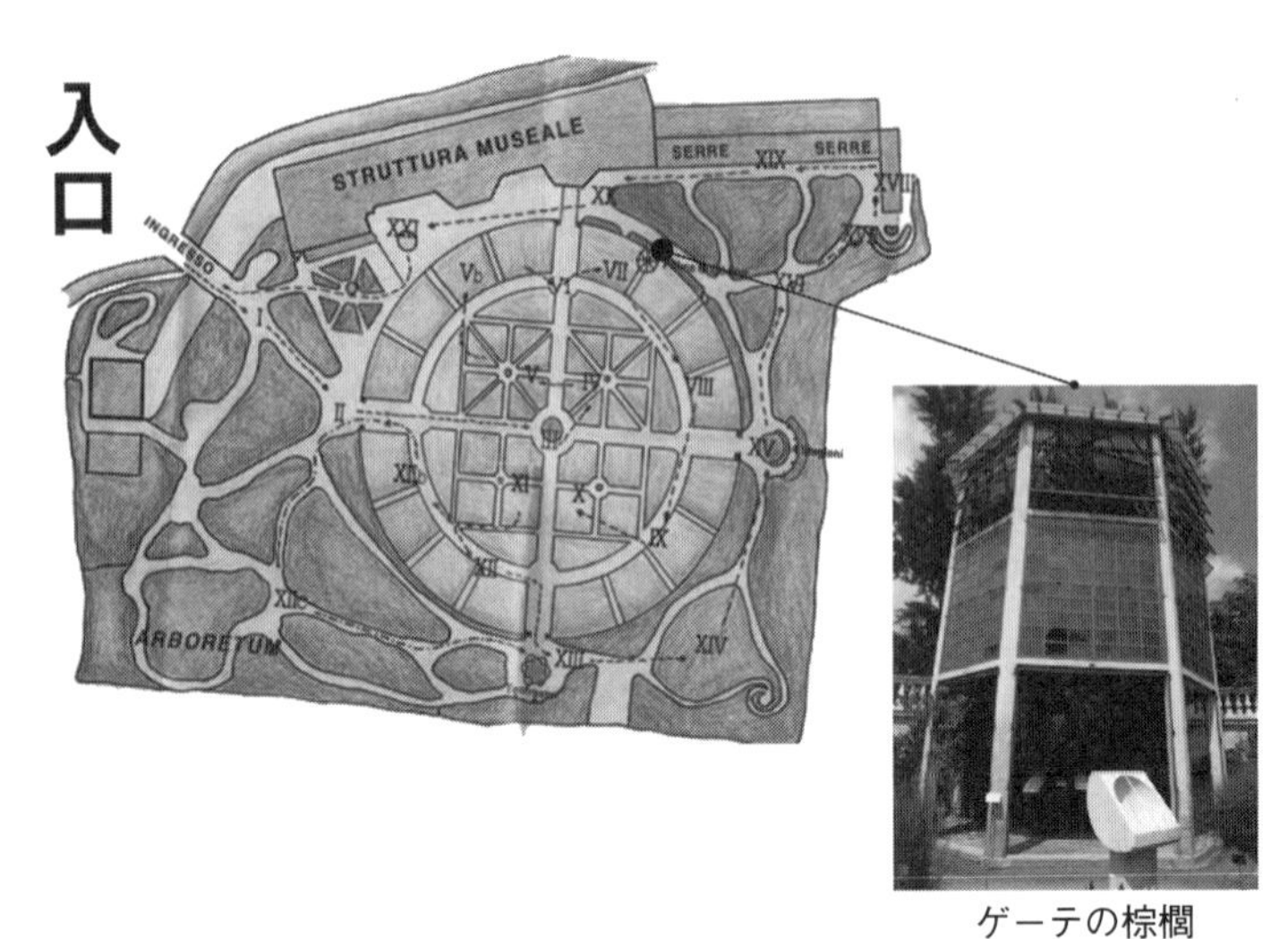

ゲーテの棕櫚

地図14　世界遺産　パドヴァ大学植物園

科学者ゲーテをインスパイアした木

運河沿いに植物園の入口があります。この運河から水を引いて植物を育てていました。

地図14からわかるように、敷地の中央には、直径八〇メートルほどの円形のレンガ壁が立っています。壁の中は、幾何学的な形に仕切られており、各ブロックは「医学用植物」とか「稀少植物」などと分類されています。壁の外側は、各種の樹木が植えられており、公園のようになっています。受付でもらうパンフレットには、一番から二一番まで順路が示されています。

植物園には、世界中の薬草が植えられています。当時パドヴァを支配していたヴェネツィアの商人が世界各地から集めた薬草です。シルクロードを介して東洋から集めた植物もあります。

有名なのは、北側にある「ゲーテの棕櫚（しゅろ）」というコーナーです。一七八六年にここを訪れたゲーテは、棕櫚の木を見て、「あらゆる植物の形態は、恐らく一つの形態から発達したものである」と確信するようになりました（『イタリア紀行』）。帰国してから、一七九〇年にゲーテは『植物変態論』という本を書いて、この考えをまとめました。現在は、地図14の写真に示すように、この棕櫚の一株が、八角形のガラスの筒に守られています。その前にあるのは白い日時計です。

植物園の南側には、巨大なサンタ・ジュスティーナ教会があります。イスラム教会と間違いそうな形をしています。この教会の修道院跡の敷地を利用して植物園が作られました。

植物園の近くにプラート・デラ・ヴァッレという広い楕円形の公園があります。壕の周りに、八〇体の有名人の彫像が立っています。ガリレオの像はペトラルカと並んで立っています（写真46）。

パドヴァは、ボローニャと並んで、イタリアのアカデミック街道のハイライトというべき都市です。ボローニャと同じく、中世からの大学の歴史があちこちに残っており、この街の大きな魅力になっています。

写真 46　プラート・デラ・ヴァッレのペトラルカ（左）とガリレオ（右）の像

7章 トリエステ

精神分析学と関連が深い街

須賀敦子の文章で知られるように、トリエステは坂の街です。その斜面を利用して作られたトリエステ大学は、イタリアで最も眺望のよいキャンパスです。トリエステは精神科医療改革の先進地として知られますが、その発端となった精神科病院も斜面を利用して作られています。また、トリエステは、若きフロイトがここで研究するなど、精神分析学と深い縁がある街です。

トリエステはヴェネツィアから電車で二時間ほどの距離にあります。この街のアカデミックな名所を歩いてみることにしましょう。

イタリアで最も眺望のよい大学

トリエステ駅からタクシーに乗って五分でトリエステ大学の前のエウロパ広場に着きます。トリエステ大学は山の斜面に建てられており、広場から白亜の地中海風の大きな建物を見上げることが

写真 47　トリエステ大学本部

できます。中央の広い階段を上っていくと、ギリシャの神殿のようです（写真47）。

上のテラスには、古代戦士のオブジェが立っています（写真48）。写真からわかるように、キャンパスからトリエステ市街が見渡せます。写真からはわかりませんが、アドリア海も見えます。イタリアで最も眺望の良い大学といってよいでしょう。ちなみに、私撰「海の見える眺望の良い大学キャンパス」ベスト三をあげてみると、マカオ大学・トリエステ大学・神戸大学です。

正面のビルを抜けると中庭があり、その奥に経済学部や工学部の建物が並んでいます。

トリエステ大学は、フィレンツェ大学やヴェネツィア大学と同じく、第一次世界大戦後にできた新しい大学です。一九二〇年までトリエステはオーストリア・ハンガリー帝国に属しており、帝国

写真 48　トリエステ大学本部から市内を望む

は政治的な理由からトリエステに大学を作りませんでした。第一次世界大戦後にオーストリア・ハンガリー帝国が解体し、一九二〇年にトリエステがイタリア王国に併合されたのを機に、一九二四年に高等商業学校がもとになってトリエステ大学が作られたのです。現在の学生数は約二万人です。

精神科医療史を保存するテーマパーク

トリエステ大学のひとつ西側の山にあるのがサン・ジョヴァンニ公園です。かつてこの山全体がマッジョーレ精神科病院の敷地でした。精神科病院は廃止され、その建物には、現在、市の地域精神科医療や、トリエステ大学理系学部、博物館などが入っています。この公園は精神科医療の歴史をたどるテーマパークといえます。

一九世紀末にマッジョーレ精神科病院には多く

写真 49　サン・ジョヴァンニ公園の精神科病棟の跡（鉄格子のついた病室）

の病棟が建てられ、最盛期には一二〇〇人が収容されていました。大熊一夫の『精神病院を捨てたイタリア 捨てない日本』によると、一九七一年にこの病院の院長となったのが精神科医フランコ・バザーリア（一九二四〜一九八〇年）です。彼は若者を巻き込んだ社会運動を起こし、一九七七年にこの病院の閉鎖を宣言しました。翌一九七八年には、バザーリアの運動が実り、精神科病院を廃止する法律がイタリア国会を通りました。これによって、精神科医療は、病院治療から地域医療（コミュニティ・ケア）へと転換されました。こうした動きは、ヨーロッパやアメリカで同時期に起こりました。私もイギリスの精神科医療施設を回り、その歴史をまとめましたが（『認知行動アプローチと臨床心理学――イギリスに学んだこと』金剛出版）、欧米の精神科

写真50　サン・ジョヴァンニ公園　旧マッジョーレ精神科病院管理棟

病院はとても小さく、町のいたるところにコミュニティ・ケアの施設があります。

山全体が精神科病院の跡

マッジョーレ精神科病院の敷地は斜面になっており、ふもとの門と奥の建物では一〇〇メートルの標高差があります。公園内には精神科病院の名残がいくつかあります。山の周りは高い石の塀で囲まれており、一部には有刺鉄線が張られています。敷地の上のほうには、昔の精神科病棟が朽ちかけたまま、保存されています。鉄格子の部屋も残っています（写真49）。

また、敷地の中央には黄色のカラフルな建物があります（写真50）。これはマッジョーレ精神科病院の管理棟だった建物であり、現在は元患者のためのアパートになっています（福島県立医科大学名誉教授・丹羽真一氏の私信による）。

細長い敷地の中央を大通りが走り、その両側に建物が並びます。公園の西側には、トリエステ大学の精神科クリニックがあります。

ふつうのアパートのような三階建ての小さな建物です。また、アルコール依存やタバコ依存の治療施設もあります。ただし、その入口でたくさんの職員がタバコを喫っていたのは、ちょっと説得力に欠けるようでした。

北のほうには、トリエステ市の精神保健局があります。黄色の小さな建物で、前に黒い馬のオブジェ、後ろに青い馬のオブジェが立っています。公園の中央の東側は、トリエステ大学の地学や地球科学の黄色いビルが並びます。大学の向かいはスロベニア学校です。大学の北には、トリエステ大学の南極博物館があり、入口に大きなペンギンの絵が描いてあります。ふもとの正門を出て、街の中心へ五〇〇メートルほど歩くと、トリエステ大学の植物園があります。

美術史の父ヴィンケルマン殺害——トリエステ殺人事件

サン・ジュスト城は山の上にあります。坂道を登るのはきついのですが、上に立つと港と市街が見渡せ、すばらしい眺望が待っています。城の前に古代ローマ時代の遺跡があります。この城を中心にトリエステの町は発展しました。隣にはサン・ジュスト聖堂があり、正面にあるバラ窓が印象的です。

聖堂の隣の博物館には、ヴィンケルマンの顕彰碑があります。ヴィンケルマン（一七一七～一七六八年）は、美術史の父と称されるドイツの美学者であり、ゲーテやレッシングやニーチェに大きな影響を与えました。彼は貧しい家に生まれましたが苦学して大学に学び、ヴァチカンの古美術担当長官となりました。五一歳の時に、女帝マリア・テレジアの招きでウィーンへ行き、その帰りにトリエステで、ホテルに同宿していた男アルカンジェリに刺殺されました。マリア・テレジアから授けられた金メダルを狙われたとされています。この事件は世界に大きな衝撃を与えました。ゲーテは『詩と真実　第三部』でこう述べます。

ヴィンケルマンは一般からゆるぎない尊敬を受けていた。この異常な事件は異常な影響を及ぼし、世人はこぞって嘆き悲しんだ。彼の時期尚早な突然の死は、彼の生涯の価値にたいする世人の注目をいちだんと高めた。（山崎章甫・河原忠彦訳『ゲーテ全集』第九巻、潮出版社）

二〇〇年がたち、フランスの作家ドミニク・フェルナンデスは、ヴィンケルマン殺害の謎に挑みました（『シニョール・ジョヴァンニ』）。それによると、ヴィンケルマンは同性愛を動機としてアルカンジェリに近づき、それにつけ込まれて殺害されたというのです。ヴィンケルマンの美術史の著書『ギリシア美術模倣論』などの中に同性愛の証拠が見いだせるとフェルナンデスは述べています。ゲーテが聞いたら怒り出しそうな説ですが、精神分析と縁の深い街ならではの話です。

写真 51　サバ書店

須賀敦子に導かれて

トリエステの中心部を歩くには、須賀敦子の『トリエステの坂道』や、その足跡をたどった岡本太郎の『須賀敦子のトリエステと記憶の町』が参考になります。須賀がトリエステを訪ねたのは詩人サバを理解するためでした。ウンベルト・サバ（一八八三～一九五七年）は、トリエステ生まれの詩人で、詩集は須賀によって訳されています（『ウンベルト・サバ詩集』みすず書房）。

サバは古書店を営んでいましたが、母親がユダヤ人だったために迫害されたので、店員だったカルロ・チェルネに店を売り、トリエステを脱出して、ヨーロッパ各地を逃げ回りました。今でもサン・ニコロ通りの三〇番地にその店があり（写真51）、チェルネの子孫が店を継いでいます。ぜひ中をのぞいてみましょう。

サン・ニコロ通りの東側には、サバの像があります（写真52）。通りの真ん中に、杖をついて歩く等身大の銅像が立っています。遠くから見ると、ふつうの通行人のようです。

写真 52　サバとジョイスの銅像

そこから西のほうに坂道を上がっていくと、サバが住んだ家があります。サバは、イタリア最初の精神分析医エドアルド・ウェイスから精神分析治療を受けました。その近くにマッジョーレ病院があります。須賀の文章に「市民病院」として出てきます。マッジョーレ病院は、トリエステ大学医学部の大学病院でもあります。三階建ての黄色い建物で、広い中庭があります。中庭は公園になっており、ベンチで市民が休んでいます。病棟の前にはキリストの像があります。

●ジョイスが『ユリシーズ』を書き始めた街

アドリア海に面してイタリア統一広場（ウニタ・ディタリア広場）があります。

西側は海に面しており、開放感があります。広場の三方を囲むように白亜の美しい建物が建っています。

広場の近くのローマ通りの橋の上には、作家ジェイムス・ジョイスの像が立っています。写真を撮ろうとしたら、知らない陽気なおじさんがジョイスに肩組みして、いっしょに写ってくれました（写真52）。

冗談か観光客サービスのつもりなのでしょうが、ちらっと「こうやって写真に写って、あとで写真代を要求する悪質な手口ではないか」という思いがよぎりました。結局は、ただのユーモア好きのおじさんでした。疑ったのは悪かったのですが、イタリアの都市を歩いていると、一日に何回かは小銭をめぐんでくれとか話しかけられます。どこかで読んだのですが、「イタリアでは善人と悪人が隣りあって住んでいる」とのことです。

サバ書店のあるサン・ニコロ通りには、ジョイスが勤めていたベルリッツ英語学校がありました（宮田恭子『ジョイスの都市』）。二二歳のジョイスは、恋人ノラと駆け落ちする形でアイルランドを出ました。スイスのベルリッツ校に教師の求人があるという情報があっただけです。パリまでの旅費しかなく、そこで知人に金を借りて旅行を続けるというありさまでした。スイスに着きましたが、教師の職は埋まっていました。そこでトリエステのベルリッツ校には空席があるかもしれないと聞いて、トリエステに向かったのでした。案の定、トリエステにも空席はありませんでした。しかし、学校の責任者が同情して、別の地のベルリッツ校に潜り込ませてくれました。半年後にはトリエステ校にも空席ができ、トリエステで英語を教えることになりました。こうして、一九〇五～一九一五年までの一〇年間、ジョイスはトリエステに住むことになりました。『若き日の芸術家の肖像』はトリエステで執筆され、代表作『ユリシーズ』はトリエステで着手されました。

ジョイスのベルリッツ校での教え子には作家のイタロ・ズヴェーヴォがいました。彼はユダヤ人で、フロイトの影響を受けて、精神分析療法を受ける主人公を描く『ゼーノの意識』（邦題『ゼーノの苦悩』）を書きました。ジョイスは、彼の小説を気に入り、執筆を励ましました。この作品はイタリアでは反響がありませんでしたが、ジョイスの斡旋で、フランス語訳が出版され、フランスで評価が高まり、その影響でイタリアでも認められるようになりました。

●若きフロイトが挑んだウナギの性の謎

サン・ジュスト聖堂から坂を下りたあたりは旧市街で、迷路のようになっています。近くのティゴール通りには、トリエステ大学の人文学部の四階建ての建物があります。

その北にあるサンティッシミ・マルティィリ通りは、精神分析の創始者フロイトが若い頃住んだところです。一八七六年、ウィーン大学の医学部生だった二〇歳のフロイトは、動物学の教授カール・クラウスから奨学金を与えられて、トリエステの動物学実験所に派遣されました。この実験所は、海洋生物学を研究するために、ウィーン大学によって、当時オーストリア・ハンガリー帝国の領土だったトリエステに作られました。ここでフロイトは、動物学者シルスキーの指導により、ウナギのオスの生殖器官を見つける研究をしました。フロイトは、四〇〇匹以上のウナギを解剖して、オスの生殖器官は存在するという論文を書きました。この論文の内容は、のちに一九〇五年に発表する有名な『性欲論三篇』の両性具有論に反映されています。トリエステでの解剖学的研究は、のちの精神分析学の創設に影響を与えたのです。

動物学実験所があったのは、トリエステの中心部から少し南にあるサンタンドレア通りです。この通りはアドリア海に面し、金持ちの別荘があり、豊かな女性たちが英国スタイルで犬を散歩させているような雰囲気でした。フロイトはトリエステの若い女性に大いに興味を惹かれ、友人にイラストまで描いた手紙を出しています。内陸のウィーンに住むフロイトにとって、実験所から見えるアドリア海は、ギリシャやエジプトといった古代地中海文明とつながる海でした。その後、フロイトは二十回以上もイタリアを旅行し、古代ローマ文明やルネサンス芸術への関心を強めていきました（岡田温司『フロイトのイタリア』）。ポンペイ遺跡に触発された一九〇七年のエッセイ『W・イェンゼン著「グラディーヴァ」における妄想と夢』は有名ですが、これについては9章で触れます。

精神分析学とトリエステには因縁があります。フロイトの影響を受けてイタリア最初の精神分析医となったのはトリエステの医師ウェイスでした。前述のように、サバがウェイスから精神分析療法を受け、ズヴェーヴォが精神分析療法の小説を書くなど、ウェイスはトリエステの文学に大きな影響を与えました。その背景には、トリエステが一九二〇年までオーストリア・ハンガリー帝国領だったためにウィーンの文化と直結していたこと、トリエステがコスモポリタン都市であり、ユダヤ人に寛容だったという要因があります。

反面、それはトリエステ以外ではユダヤ人迫害が厳しかったことを示します。トリエステは、ナチスに追われたユダヤ人が、ドイツやオーストリアからアルプスを越えて亡命するコースの拠点でもありました（池内紀『ハプスブルクの旗のもとに』）。本章の主人公であるフロイトもウェイスもサバも、故郷を離れて亡命を余儀なくされたのです。

8章 ミラノ
ダ・ヴィンチが活躍したルネサンスの街

Milano

日本からの直行便もあるミラノはアカデミックな都市です。ルネサンス期、バロック期、ナポレオン期、イタリア統一期など、各時期のアカデミックな名所が残っています。地下鉄一号線、二号線、三号線を利用して回ってみましょう（地図15）。まず、レオナルド・ダ・ヴィンチや奇人フィラレーテが活躍したルネサンス期のミラノを歩きます。次に、バロック期、ナポレオン期、統一期をめぐります。

●ルネサンスを育てたスフォルツァ家

地下鉄一号線と二号線の交わるカドルナ駅で降りると、ダ・ヴィンチゆかりのスフォルツァ城があります（写真53）。ここはスフォルツァ家の学問の中心でした。

ミラノの学問を知るためには、スフォルツァ家を知る必要があります（表8－1）。

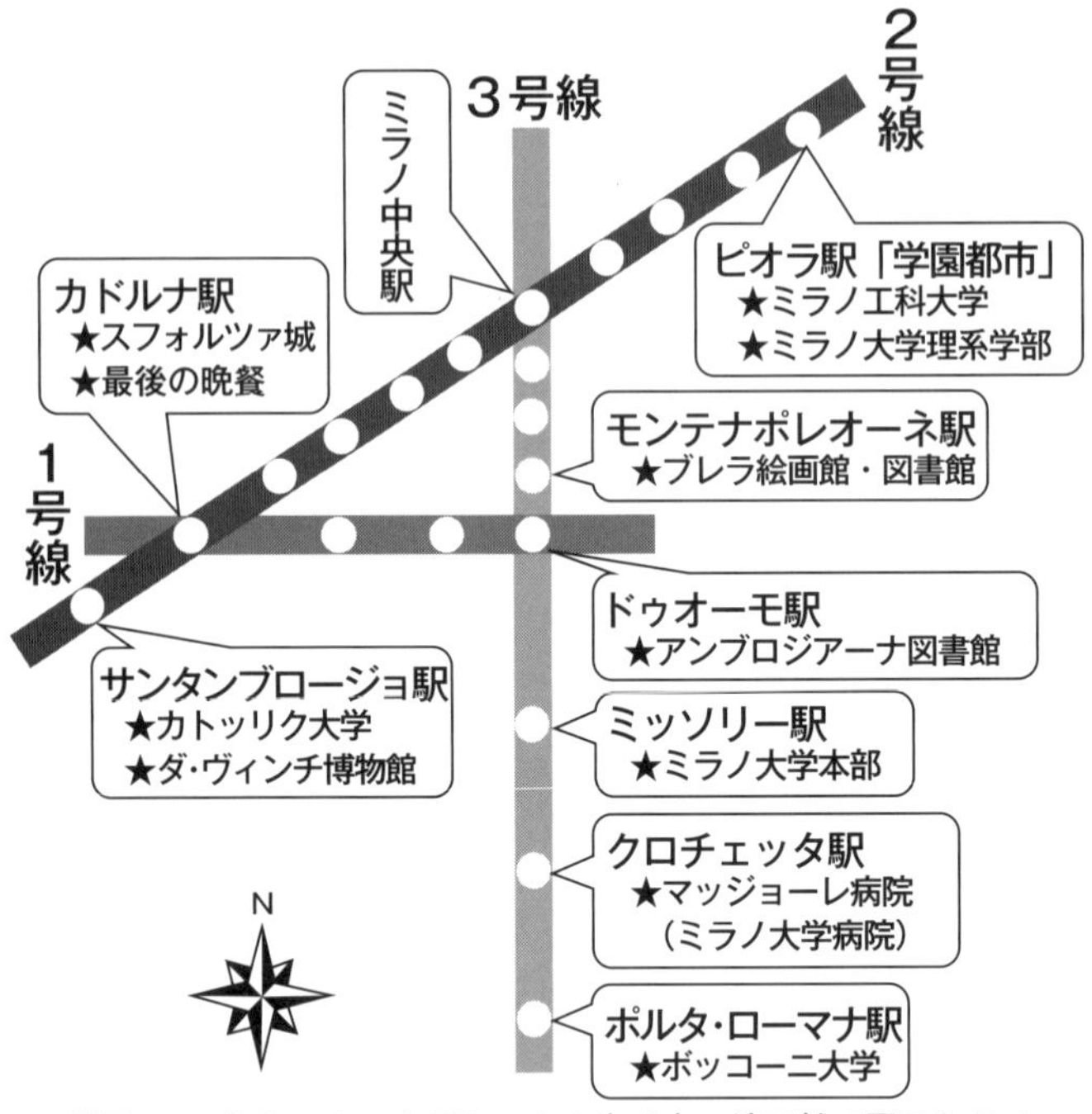

地図15　ミラノのアカデミックな歩き方　地下鉄で回るミラノ

ミラノのスフォルツァ家はルネサンスの後援者として知られています。スフォルツァ家がミラノを支配するようになったのは、フランチェスコの時代です。フランチェスコ・スフォルツァ（一四〇一～一四六六年）は、傭兵隊長の息子として生まれ、若くして兵士として名をなします。二四歳でヴィスコンティ家のフィリッポ・マーリアに仕え、四〇歳でその娘ビアンカ・マリア・ヴィスコンティと結婚しました。義父が亡くなり、ヴィスコンティ家を継ぎ、ミラノ大公となりました。ブルクハルトは『イタリア・ルネサンスの文化』の中で、フランチェスコ・スフォルツァを天才と讃え、メディチ家よ

写真53　スフォルツァ城（中庭から見たフィラレーテ門）

表8-1　ミラノのルネサンスとレオナルド・ダ・ヴィンチのアカデミー

	フィレンツェのルネサンス	ミラノのルネサンス
後援者	メディチ家 コジモ ロレンツォ	スフォルツァ家 フランチェスコ ルドヴィコ
アカデミー (中心人物)	プラトン・アカデミー （フィチーノ）	レオナルド・アカデミー （レオナルド・ダ・ヴィンチ）
志　向	プラトン的神秘志向	アリストテレス的科学志向

りも高く評価しています。マキャヴェリも『君主論』の中でフランチェスコを高く評価しました。フランチェスコ・スフォルツァは、ギリシャ・ローマの古典復興にも力を入れ、その宮廷はミラノのルネサンスを生みました。中心となったのは人文学者フィレルフォでした。

人文学者フィレルフォとスフォルツァ家

フランチェスコ・フィレルフォ（一三九八〜一四八一年）は、パドヴァ大学で学び、若くして名声を博し、雄弁術や哲学を教えるためにヴェネツィアに呼ばれました。二二歳の時、当時ヴェネツィアと交易のあった東ローマ帝国のコンスタンティノープル（現在のイスタンブール）へ行く機会が与えられました。そこでフィレルフォは当時の最先端の文化に接し、ギリシャ語を習得し、ギリシャ語の写本を多く集めました。多くのギリシャ語写本を携えてイタリアへ戻り、各地で講義をするようになります。また、彼はアリストテレス、プルタルコス、クセノフォンなどの本をギリシャ語からイタリア語に翻訳しました。

フィレルフォは周囲の人とうまく付き合うことができず、すぐにケンカをして、暴力沙汰を起こしました。このため、一カ所に落ちつくことができませんでした。大学で長く教鞭をとるような人ではなく、大都市の宮廷を渡り歩くタイプだったようです。四二歳でミラノのヴィスコンティ家とスフォルツァ家に仕えました。フランチェスコ・スフォルツァの息子たちの家庭教師もしました。

スフォルツァ家からの収入は多かったのに、すぐに金を使ってしまうので、借金が多かったようです。なお、フィレルフォはレオナルド・ダ・ヴィンチの親戚でもありました。

ダ・ヴィンチのパトロン――ルドヴィコ・スフォルツァ

フランチェスコの後を継いだのは息子のルドヴィコ・スフォルツァ（一四五二～一五〇八年）、通称イル・モーロです。ルドヴィコの時代にスフォルツァ家は最盛期を迎えました。彼は次のように豪語しました。「教皇はわがおかかえ司祭、皇帝はわが傭兵隊長、ヴェネツィアはわが式部宮、フランス王はわが使者なり」。

ルドヴィコは人文学者のフィレルフォを家庭教師として育ったので、自身優れたラテン語学者であり、哲学や美術にも詳しかったのです。ルドヴィコの宮廷にはレオナルド・ダ・ヴィンチ（一四五二～一五一九年）がやってきました。ルドヴィコとダ・ヴィンチは同年齢です。

ダ・ヴィンチのアカデミー

ダ・ヴィンチは、ヴィンチ村で生まれ、フィレンツェで徒弟時代をすごし、三〇歳でミラノに赴きました。三〇～四八歳と五四～六一歳という円熟期に二五年間ミラノで仕事をしました。ダ・ヴィンチの周りには学者や画家が集まり、「レオナルド・アカデミー」ができました。アカデミーに集まったのは、建築家ドナート・ブラマンテ、数学者ルカ・パチョーリ、詩人ガスパレ・ヴィスコンティなどでした。議論する場所は、スフォルツァ城やダ・ヴィンチの家でした。今でも、「レオナルドのアカデミー」と書かれたロゴ・マークが残っています。このアカデミーが学校のような組織であったのか、ただ交友関係を表したものにすぎないのかは不明です。

ミラノは、フィレンツェと並んでルネサンスが栄えましたが、共通するのは大学がなかったという点です。フィレンツェにはピサ大学、ミラノにはパヴィア大学があったので、都市には大学が作られませんでした。そのかわりに、宮廷内のアカデミーが学者を育てました。この点も共通します。もちろん、両者には違いもあります（表8-1参照）。フィレンツェのプラトン・アカデミーはプラトン主義的な神秘志向が強かったのに対し、ミラノでは、アリストテレス派が優勢で、科学志向が強かったのです。ミラノには、医者、科学者、技術者、数学者、軍事工学者などあらゆる分野の人々が集まっており、ダ・ヴィンチはその飽くなき知識欲を満たすことができました。ケネス・クラークによると、ダ・ヴィンチの科学的精神は、フィレンツェの宮廷とは相いれませんでした。たとえば、フィレンツェのピコ・デラ・ミランドラは「数学は真の学問にあらず」といっていたのに対し、ダ・ヴィンチは「数学を好まぬ者はわが文章を読むべからず」としました。

ダ・ヴィンチの三大芸術プロジェクト

写真54　『最後の晩餐』があるサンタ・マリア・デレ・グラツィエ教会の修道院

ルドヴィコは、ダ・ヴィンチに三つの大きな芸術プロジェクトを与えました。

第一は、スフォルツァ城の「アッセの間」のデザインです。これは今でも城で見ることができます。

第二は、壁画『最後の晩餐』の制作です。『最後の晩餐』のある世界遺産サンタ・マリア・デレ・グラツィエ教会は、スフォルツァ城の近くにあります（写真54）。

第三は、フランチェスコ・スフォルツァ記念騎馬像の制作です。ルドヴィコは、父フランチェスコの騎馬像を作ろうとしてダ・ヴィンチに依頼しました。一四九三年に粘土像は作られたのですが、戦争で青銅が不足したため、完成しませんでした。

その五〇〇年後の一九八九年に、この像は日本で甦りました。東北大学の田中英道氏が中心となって、一九六七年に発見された『マドリッド手稿』や残さ

写真 55　ダ・ヴィンチ『スフォルツァ騎馬像』
（日本で 1989 年に復元され，名古屋国際会議場に展示されている）

れた数々のデッサンを参考にして、原型が粘土で作られました。しかし、重量を計算すると、もし青銅で作れば脚部が重量に耐えられないことがわかりました。そこで、田中氏らは、強化プラスチックを用いてこの像を完成させました。ダ・ヴィンチの時代には実現できなかった幻の騎馬像が日本のハイテク技術を駆使して復元されたわけです。この像は今でも名古屋国際会議場の中庭で見ることができます（写真55）。この像は世界文化史としての意義を持つものであり、高さ八・三メートルの勇壮な姿は一見の価値があります。

ダ・ヴィンチはアカデミーで画家の教育もおこないました。ここからレオナルド派と呼ばれる画家が育ちました。ダ・ヴィンチは晩年はフランスの宮廷に呼ばれて、そこで亡くなりました。ダ・ヴィンチ絵画の最高傑作群がイタリアではなくフランスにあるのはこのためです。

絵は科学である――リベラルアーツの再構成

ダ・ヴィンチの絵画はまさに奇跡であり、史上最高の芸術といってよいでしょう。

ところが、ダ・ヴィンチにとって、絵画は芸術ではなく、科学でした。これを示すのがダ・ヴィンチの『絵画論』です。大学教育を受けなかったダ・ヴィンチは四二歳にしてラテン語を独習し、科学や学問の文献を読み、『絵画論』をまとめました。この本によると、絵画は科学です。なぜなら、遠近法や幾何学にもとづいて数量的に組み立てられているからです。学問の基礎となる「自由七科」（セブン・リベラルアーツ）は、ふつう、文法、修辞学（詩）、論理学、数学、幾何学、天文学、「音楽」からなります。ここには音楽が含まれています。これに対して、『絵画論』では、音楽よりは絵画のほうが科学的ですから、「自由七科から音楽を取り消すか、絵画を含めろ」と主張します。ダ・ヴィンチは音楽家としても有名なので、音楽に無関心だったわけではありません。絵画を科学として確立し、学問の基礎としたかったのです。現代の図学のようなものを構想していたのです。

ある人は、「ダ・ヴィンチが科学などに興味を散らさずに、絵画に集中していたら、もっと傑作絵画が生まれただろうに」といいます（加藤朝鳥訳『レオナルド・ダ・ヴィンチの絵画論』）。しかし、それは逆なのかもしれません。

解剖学者としてのダ・ヴィンチ

絵画と科学の結合として、人体解剖の図をあげることができます。ダ・ヴィンチは、生涯で三十体ほどの人体解剖をしました。ダ・ヴィンチの解剖図は、とてもわかりやすく、いろいろな技法を駆使して、人体のしくみが図解されています。老年期のダ・ヴィンチは、パヴィア大学の医学校の解剖学者トッレと知り合いました。ダ・ヴィンチとトッレは解剖学の図譜を出版しようとしましたが、トッレが二九歳の若さで病死したため、中止となってしまいました。

ダ・ヴィンチの解剖図は公開されなかったため、解剖学に与えた影響はそれほど大きいものではありませんでした。解剖学に革命をもたらしたのは、ダ・ヴィンチの死から二十年たった一五四三年に出版されたヴェサリウスの『ファブリカ』でした（6章参照）。ダ・ヴィンチの業績は埋もれてしまい、それが再発見されるのは、一八世紀になってからです。イギリスの解剖学者ウィリアム・ハンター（一七一八〜一七八三年）が、教育のために解剖図版集を出版しました。この図版モデルとなったのはダ・ヴィンチの解剖図です（拙著『イギリス こころの臨床ツアー』参照）。なお、ダ・ヴィンチの名前を冠した科学博物館が、隣のサンタンブロージョ駅にあります。

ミラノ大学本部（旧マッジョーレ病院）を歩く

地下鉄三号線ミッソーリ駅で降りると、ミラノ大学の本部があります。ミラノ大学は、一九二四年にできた比較的新しい大学です。その前身は、一八六一年創設の科学文芸アカデミーと一九〇六年創設の医学校です。現在、学生数六万五〇〇〇人のマンモス大学であり、多くのキャンパスを持っています。本章ではそのいくつかを回ります。

ミラノ大学本部は、旧マッジョーレ病院の建物です。この病院は、前述のフランチェスコ・スフォルツァによって一四五六年に着工されました。ルネサンス時代に作られましたので、「ルネサンス・ビル」とも呼ばれます。第二次世界大戦の空爆によって大破したため、病院の機能は、通りをはさんで東側にある新マッジョーレ病院に移されました。この病院は、ミラノ大学医学部の教育病院です。地下鉄で行くには、三号線クロチェッタ駅が近いでしょう。壊れた旧病院の建物は修復され、今はミラノ大学校舎として使われています。

●ルネサンスの奇人フィラレーテが設計した病院

旧マッジョーレ病院を設計したのは、建築家フィラレーテです。フィラレーテ（一四〇〇頃～一四六九年）の本名はアントニオ・アヴェルリーノです。彼は面白い人で、彫刻家ギベルティのもとで修行し、師からフィラレーテ（徳を愛する者）というあだ名をつけられました。しかし、実際は徳を愛するどころではなく、ローマで盗みを働いて追放され、ミラノにやってきたのです。ミラノではスフォルツァ家に仕えました。スフォルツァ城の「フィラレーテ門」（写真53）は彼の仕事です。

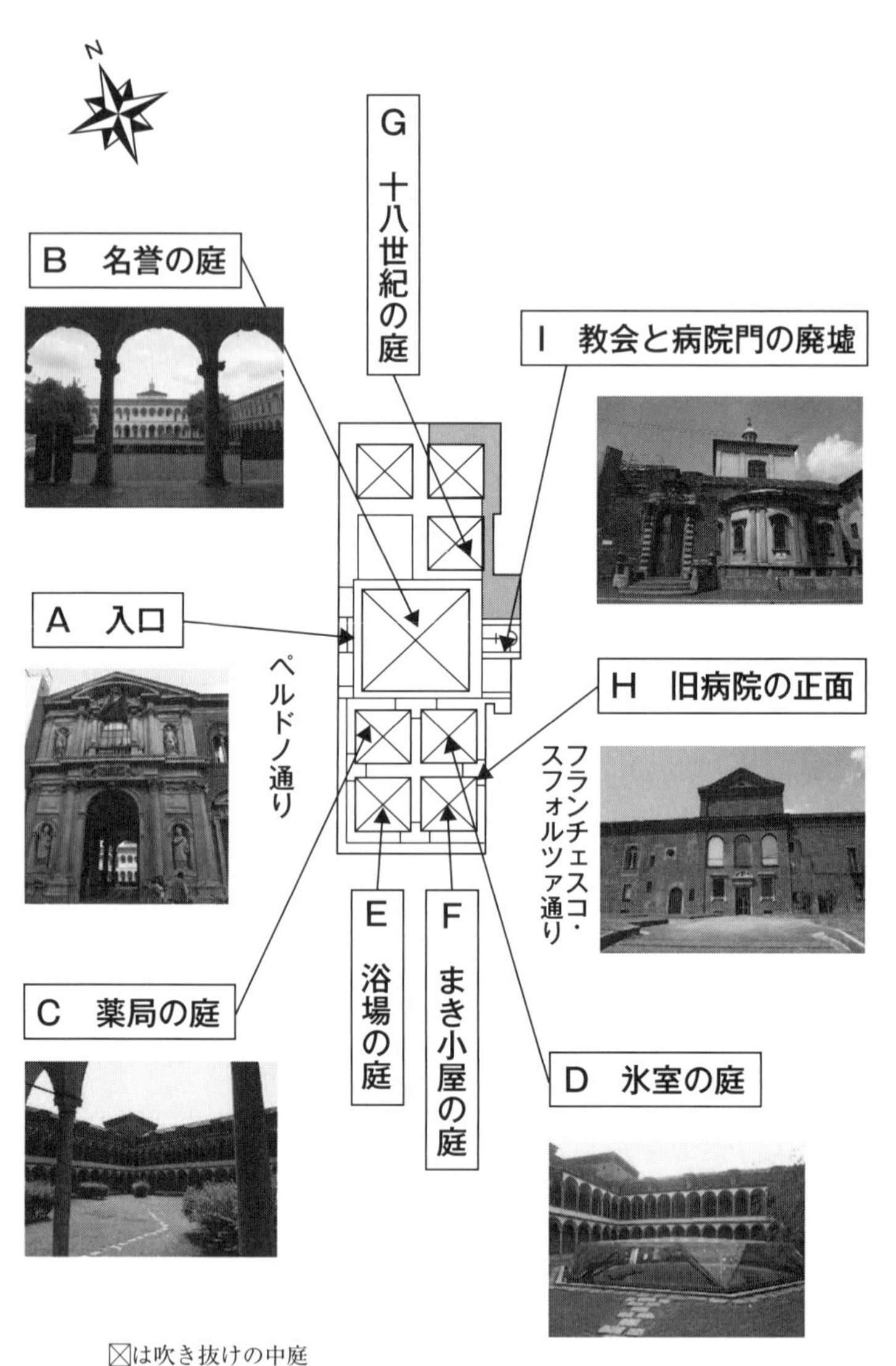

☒は吹き抜けの中庭

地図 16　ミラノ大学本部（旧マッジョーレ病院）の中庭めぐり

フィラレーテは、晩年、『建築の書』二五巻を書いてフランチェスコ・スフォルツァに捧げました。『建築の書』は、スフォルツィンダという架空の都市を設定し、ルネサンス時代の理想の都市計画や建築について語る形式をとります。ユートピア物語のはしりともいうべきものです。

フィラレーテが考えた理想都市スフォルツィンダは、八角形をした都市で、周囲は円形の城壁に囲まれています。中には、「美徳と悪徳の館」という建物があります。これは「正方形の基壇の上に円形平面の建物が一〇層の高さにそびえ、最上部に美徳の像を戴いている。低層部には講義室と売春宿が、上層部には研究アカデミー、最上部は占星術の研究所が想定されている」（長尾重武『建築家レオナルド・ダ・ヴィンチ』）。美徳と悪徳がひとつの建物の中にあるわけです。

スフォルツィンダには病院もあります。その建物がマッジョーレ病院として実現したのです。実際の病院の配置は地図16に示すとおりです。この図を見ながら、フィラレーテが『建築の書』で述べる理想の病院の記述を読んでみましょう。

この病院は、二つの大きな病棟があり、一方を男性用、他方を女性用とします。男性棟と女性棟は、それぞれ十字型の建物を正方形に取り囲む形をしています。つまり「田」の字の形です。病棟が十字形をしているのは、キリスト教の十字架を表しているからです。男性棟と女性棟の間は、大きな中庭がつないでいます。上から見た形がちょうど地図16に示すような形です。建物の各辺は疾患別の病棟です。また、この病院は、理想都市スフォルツィンダのミニチュアでもあります。つまり、病院そのものがひとつの都市（ミクロコスモス）を表しています。

ヴァザーリは『ルネサンス彫刻家建築家列伝』の中で、マッジョーレ病院を高く評価し、「この病院は全ヨーロッパで類例をみないほどみごとに計画され、建設されたのである」としています。

ルネサンスの中庭をめぐる

旧マッジョーレ病院（ミラノ大学本部）の中は、出入り自由なので、歩いてみましょう。以下、本文中のアルファベットは地図16の中のアルファベットと対応しています。

ペルドノ通りに入口（地図16A）があります。壁の全面にアーチ型の飾りが彫られ、たくさんの白い彫刻やレリーフがはめられています。どれもすばらしい美術品ですが、とくにレリーフの模様が繊細です。

入口を入ると、「名誉の庭」（B）があります。建築家リキーニが設計したので「リキーニの中庭」とも呼ばれています。中央に八角形の植え込みがあります。前述の理想都市スフォルツィンダが八角形をしていることが思い出されます。植え込みの中は芝生になっています。中庭の周りは二階建ての回廊になっています。名誉の庭の周りには、哲学、歴史学、考古学（古代学）、地理学などの教室や研究室が並んでいます。大きな図書館もあります。北西の角に、巨大なミラノのアンブロージオの像が立っています。

図に示すように、南に四つ、北に三つの中庭があります。それぞれ個性があるので、中庭めぐりはたいへん面白いのです。

「薬局の庭」（C）は、昔は薬局があったのでそう呼ばれます。今は法学部の研究室です。美しい芝生の庭で、小さな生け垣があります。

「氷室の庭」（D）には、食物などを保管した氷室がありました。庭の隅に、松ぼっくりのような石が置いてありますが、これは氷室の頂上にあった飾りです。中央には遺跡があり、透明の円形の容器で覆って保存しています。大学というところは、文化を保存する機能を持っていることがわかります。回廊の柱は、第二次世界大戦の爆撃で上のほうは破壊されましたが、下のほうは残っています。戦争の遺跡として、壊れたまま残されています。周りは哲学科で、部屋の中は本で埋まっています。

奥には「浴場の庭」（E）と「まき小屋の庭」（F）があります。後者の真ん中には、円柱の遺跡があり、中を見ると、下はカフェテリアになっているのがわかります。

北側には、三つの中庭があります。「十八世紀の庭」（G）は芝生が生えた中庭です。北側の中庭は、名前がありませんが、池もあり草木が生えた庭園です。「十八世紀の庭」の隣の中庭は、大講堂（アウラ・マーニャ）に作り変えられています。

なお、グーグルマップのストリートビューによって、名誉の庭（B）、薬局の庭（C）、十八世紀の庭（G）の中を一周することができます。

ルネサンス・ビルの東側に回ると、フランチェスコ・スフォルツァ通りに出ます。ビルの東側は、旧病院の正面です（H）。派手な西側と違って、地味な赤レンガ造りで、ルネサンス風のファサードがついています。

●ルネサンスの裏表

中央にアヌンチアータ教会があります（I）。昔は病院附属教会でしたが、現在は大学教会になっています。この教会は、半円形の建物が通りに出ていて、頂上に十字架がある塔が建っています。この教会の地下には墓地があり、一四七二年から一六九五年までの約二〇〇年間、マッジョーレ病院で亡くなった遺体が埋葬されていました。埋葬されていたのは推定で五〇万人ともいわれます。

教会の横には、病院の門の遺跡があります（Iの左側）。半分壊れたレンガ造りの立派な門が保存されているのです。イタリアでは、街中でも廃墟がよく保存されています。ルネサンス・ビルの入口のある西側は派手で美しいのに対して、東側は地味で、一部廃墟になっています。廃墟の独特の趣を味わえるのも、大学散策の楽しみのひとつです。

●「ミラノの五日間」の聖地となった大学教会

このアヌンチアータ教会は、一八四八年の「ミラノの五日間」の舞台となり、イタリア統一運動では、愛国者の聖地となりました。一八四八年は、ウィーン体制に対する市民革命がヨーロッパ各地で起こった年です。当時のミラノはオーストリアに支配されていましたが、これに対して市民が蜂起し、臨時政府を樹立しました。しかし、オーストリア軍に包囲されて、すぐに鎮圧されました。これが「ミラノの五日間」です。軍に包囲されたため、戦死者を郊外の墓地に運べず、その遺体はこの地下墓地に埋葬されました。このため、この教会は、愛国者の聖地となり、一八六一年のイタリア統一運動の原動力となりました。一八四八年に埋葬された遺体は、約五〇年後に、市内に記念碑が作られて、そちらに移されました。

●ヴィスコンティ家とパヴィア大学

地下鉄のドゥオーモ駅には、イタリア最大のゴシック建築ミラノ大聖堂があります。大聖堂は一三八六年にヴィスコンティ家によって着工されました。ヴィスコンティ家は、スフォルツァ家の前に一五〇年以上ミラノを支配していた一族で、その宮廷は学者や芸術家を集め、のちのスフォルツァ家のミラノ・ルネサンスを準備しました。ちなみに、この家の末裔が映画監督のルキノ・ヴィスコンティ（一九〇六～一九七六年）です。

ヴィスコンティ家の最大の学問的貢献はパヴィア大学の創設です。ヴィスコンティ家全盛期のガ

写真56　パヴィアにあるヴィスコンティ城

レアッツォ二世は、一三六一年に神聖ローマ皇帝から認可を得て、パヴィア大学を創設しました。パヴィアは、ミラノから電車で三〇分ほどにある大学都市です。ガレアッツォ二世はパヴィアをこよなく愛し、ヴィスコンティ城（写真56）を建てて、そこに住みました。ベロンチの『ミラノ――ヴィスコンティ家の物語』によると、大学創設を進言したのはペトラルカだということです。ガレアッツォ二世は、ミラノ公国の住民がパヴィア大学以外で勉強することを禁止しました。こうしてフィレンツェとピサ大学（4章）、ヴェネツィアとパドヴァ大学（6章）の関係が、ミラノとパヴィア大学にも作られました。大学都市として繁栄したのはパヴィアであり、ミラノには一九二四年まで大学がありませんでした。

写真57　サンカルロ教会

霧の向こうの須賀敦子

大聖堂から東に延びるヴィットリオ・エマヌエーレ二世通りにはサンカルロ教会があります（写真57）。教会の建物内に小さなサンカルロ書店があります。ここは、以前は、須賀敦子の作品で描かれたコルシア・デイ・セルヴィ書店でした。

須賀は二九歳でイタリアに渡り、ミラノのこの書店で働くようになりました。コルシア・デイ・セルヴィ書店は、ダヴィデ・トゥロルド神父を中心にしたカトリック左派の社会運動の拠点であり、多くの人が出入りしました。この書店で中心となって働いていたペッピーノと須賀は結婚しましたが、六年後に夫に先立たれ、日本に戻ってきました。コルシア・デイ・セルヴィ書店は、その後、政治的な色彩を強めたため、教会によって移転を余儀なくされました。須賀の『ミラノ　霧の風景』

と『コルシア書店の仲間たち』は、夫やダヴィデ神父や当時の仲間について描いたものです。『ミラノ 霧の風景』は、「いまは霧の向うの世界に行ってしまった友人たちに」捧げられています。須賀はその後学者の道に進み、上智大学の教員となりましたが、六一歳で発表した『ミラノ 霧の風景』によって作家としても認められました。夫ペッピーノに先立たれたことは須賀の人生で最も過酷な体験であったでしょうが、もしこのことがなければ、須賀の文章にこれほどの深みと威厳が加わっていたでしょうか。

バロック期の総合学術施設――アンブロジアーナ図書館

ミラノ大聖堂の近くにアンブロジアーナ図書館があります。ここは単なる図書館ではなく、絵画館、古典語の教育機関、出版・印刷機関、美術アカデミー、学者の顧問団などからなる壮大な学術教育機関でした。

作ったのはミラノ大司教のフェデリコ・ボッロメオ（一五六四～一六三一年）です。当時は、ルターの宗教改革のために、カトリックは危機感を強め「対抗宗教改革」の動きを起こしました。教会刷新と聖職者の教育に重点がおかれ、ヨーロッパ各地に神学校が作られました。ボッロメオも、私財を投じて、神学の総合的な学術教育機関を作りました。アンブロジアーナとは、ミラノの守護聖人アンブローズをさしています。

写真 58　アンブロジアーナ図書館の内部

ボッロメオは多くの本や写本を集めました。当時、本は貴重であり、その収集は重要な文化活動でした。蔵書の中には、五世紀に作られたホメロスの「イリアス」の写本があり、研究者の間では「アンブロジアーナのイリアス」として知られています。蔵書の中で最も有名なのは、レオナルド・ダ・ヴィンチの『アトランティコ手稿』です。ミラノの貴族アルコナーティが大金を出して手に入れ、図書館に寄贈したものです。ミラノを占領したナポレオンはこの手稿をフランスに持ち去ってしまいました。その後返還されましたが、一部はフランス学士院に残され、それが『パリ手稿』として知られるものとなります。

見学の順路の最後に図書館があります。三階分が吹き抜けになっている大きな部屋で、一見の価値があります。『アトランティコ手稿』の一部も展示してあります（写真58）。

人々をカトリックに引きつけるためのバロック美術

絵画館は、ボッロメオが集めた絵画を図書館で一般公開したのが始まりです。その後、ボッロメオは建物内に美術学校を作り、ここからバロックのミラノ派と呼ばれる画家が育ちました。バロック美術とは、単なる美術史上の一様式というにとどまらず、民衆の関心をカトリックに引きつけるための対抗宗教改革の運動手段でした。そのため、バロック美術を定着させることはボッロメオの宗教的な使命でした。

現在のアンブロジアーナ絵画館には、レオナルド・ダ・ヴィンチの『音楽家の肖像』や、ボッティチェリの『天蓋の聖母子』などが展示されています。ラファエロの『アテネの学堂』の下書き、カラヴァッジョやブリューゲルの作品群なども見られます。一枚一枚の絵をていねいにライトアップしてあり、色彩が光っています。

二〇一三年に日本で「レオナルド・ダ・ヴィンチ展」が開かれ、この館所蔵の絵画や『アトランティコ手稿』を日本で見ることができたのは記憶に新しいことです。

ブレラ絵画館・知のテーマパーク

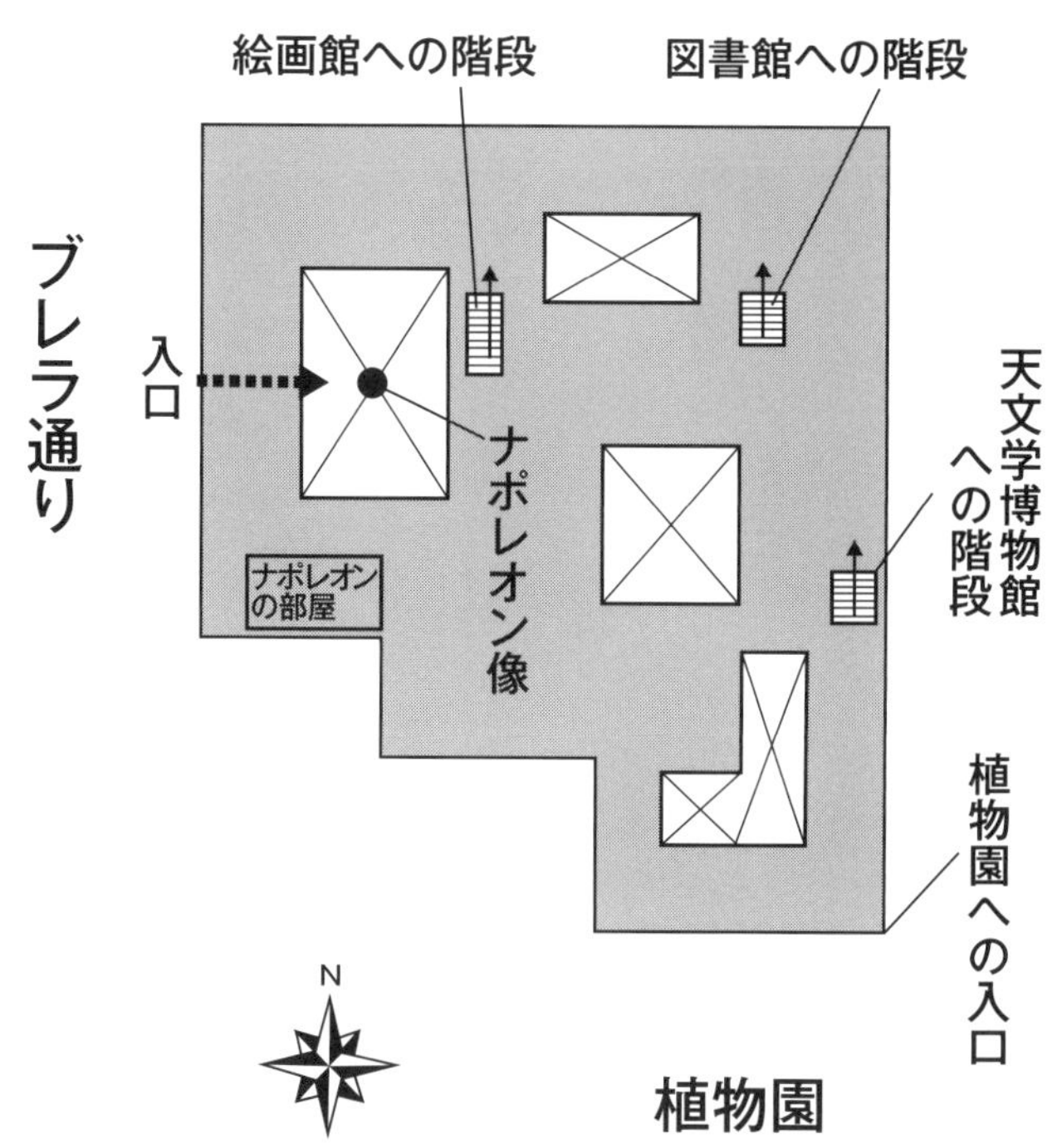

1階は美術アカデミーが使用。廊下は省略してある。
☒は吹き抜けの中庭を示す。

地図17　ブレラ宮の1階の位置関係

地下鉄モンテナポレオーネ駅から五分ほどのところにブレラ宮があります。外から見ると何の変哲もない古い建物ですが、中に入ると、そこには想像を超える知のテーマパークが待ち受けています。ぜひ中を歩いてみましょう（地図17参照）。

ブレラ通りにある入口を入ると、大きな中庭があります。真ん中にナポレオン像が立ち、その周りに文化人六人の像が立ちます。作家グロッシ、数学者カヴァリェーリとピオラ、思想家ヴェッリ、建築家カニョーラ、文献学者カスティグリオーネです。建物の一階は美術アカデミー（美術学校）が使っており、研究室や教授室などが並びます。美術アカデミーは、学士号や修士号に匹敵する学位（ディプロマ）を授与する研究教育機関であり、海外からの学生を含めて三〇〇〇人が学んでいます。廊下にはレリーフや説明板があり、あちこちに巨大な彫像が立っています。

二階にはブレラ絵画館と国立ブライデンセ図書館があります。絵画館には、ティチアーノ、ティントレット、カルパッチョといったヴェネツィア派の巨匠やカラヴァッジョの絵画が展示されています。また、ブレラ宮には天文台（現在は天文学博物館）と植物園があります。ミラノ大学が管理し一般公開されています（入場無料）。

●ミラノの歴史とともに歩んだブレラ宮

ブレラ宮の歴史はミラノの政治史・文化史そのものといえます。ブレラとは「原っぱ」という意味で、ここに一三世紀フミリアティ（謙遜団）という宗教団体が修道院を建てたのが始まりです。一五七二年にはイエズス会のブレラ神学校が作られました。イエズス会はイグナチオ・デ・ロヨラらが作ったカトリックの団体で、前述の対抗宗教改革の情熱をもって、海外布教に力を入れました。フランシスコ・ザビエルや天正遣欧少年使節など、当時の日本とイタリアの関係をイエズス会が媒介しました。イエズス会は、高等教育にも力を入れ、ヨーロッパ各地に神学校（コレジオ）を作りました。この神学校は、実質的に「大学」と呼べるものであり、大学のないミラノにおいて、ブレラ神学校は高等教育機関として栄えました。

一七六四年には天文台が作られました。創設者のボスコヴィッチは天文学・重力理論・気象学・幾何学など七十冊の著書を残したパヴィア大学の数学教授であり、イエズス会の司祭でもありました。火星と木星の間に「ボスコヴィッチ」という小惑星がありますが、これは彼の名前からつけられたものです。

一六～一七世紀の大学史の中で、イエズス会の神学校は重要な位置を占めているのですが、ヨーロッパ中に作られた神学校は今では残っていません。というのは、イエズス会は一七七三年に解散させられてしまったからです。ヨーロッパ諸国がナショナリズムを強めるにつれて、国境を越えて自由に活躍するイエズス会は邪魔になり、ローマ教皇はついにイエズス会の活動を禁止したのです。こうしてブレラ神学校も解体されました。

ちなみに、イエズス会の神学校の名残を留めるのが、チェコのプラハにあるクレメンティヌムです。クレメンティヌムは、プロテスタントのフス派についたカレル大学（現プラハ大学）と対抗するために、イエズス会が作った神学校です。現在のクレメンティヌムは、図書館や美術館として使われています。

啓蒙専制君主による文化改革

ブレラ神学校が解体された当時のミラノは、オーストリアのハプスブルク家に支配されていました。マリア・テレジアとその息子フェルディナンドのもとで、官吏たちは社会改革を進め、これは啓蒙専制君主による改革と呼ばれます。この時期に、義務教育の学校が作られ、教員養成や教育指導法のための学校も作られました。

マリア・テレジアの官僚たちは、ブレラ神学校を、宗教色をなくした世俗的な高等文化施設に作りかえました。神学校の図書室を本格的なブライデンセ図書館に作りかえ、また、神学校の天文台や薬草園を、本格的な天文台や植物園（医学の教育用植物園）へとグレードアップさせました。美術学校（美術アカデミー）も作られました。また、ロンバルディア地方の科学や学芸の学会をまとめました。こうしてブレラ宮は一大文化啓蒙施設となりました。

ナポレオンへのアンビヴァレンス

一七九六年にナポレオン軍が侵入し、北イタリアはフランスによって支配されました。フランス国境に近いミラノは、イタリア侵攻の前線基地となりました。ナポレオンは、イタリア各地から美術品を集め、征服したことを誇示するために、ブレラ宮の絵画館に展示しました。こうしてブレラ絵画館には、イタリア中の名画が集められたのです。

前述のとおり、ブレラ宮の中庭にはナポレオンの銅像が立っています。これは一八一一年頃にローマのカノーヴァによって作られた像をもとにしたものです。一八五九年にナポレオン三世が絵画館を訪問した際に立てられました。宮内にはナポレオンの部屋（大講堂）も作られています。このようにナポレオン人気は強いのですが、彼による屈辱もまた大きいものがあります。ナポレオンはイタリア絵画やダ・ヴィンチの手稿をフランスに持ち去りました。また、ナポレオン軍は、ダ・ヴィンチの壁画『最後の晩餐』を傷つけたりしました。ナポレオンの支配は、一八一五年の彼の失脚まで続きました。

イタリア統一後に国の文化教育機関となったブレラ宮

一八六〇年代にイタリアが統一されると、ブレラ宮内の絵画館や図書館は国立の施設となりました。また、ミラノ大学が新たに作られて、天文台や植物園は大学の機関となりました。また、長くブレラ天文台長を務めたのはスキアパレッリです。彼は、火星を観測し、表面の筋模様について一八七七年に発表しました。彼はこの模様をイタリア語の「溝」という単語で表しましたが、これが英語では「運河」と翻訳されたために、運河を作る火星人がいるという噂として広まりました。美術アカデミーの建築学校は後述のミラノ工科大学に移管されました。

このように、対抗宗教改革期、ハプスブルグ家支配期、ナポレオンの侵略期、イタリア統一期と、歴史の節目においてブレラ宮も変化してきました。ブレラ宮の歴史は、イタリアの政治史・文化史と深く結びついています。

学園都市とダ・ヴィンチ広場

地下鉄二号線のピオラ駅には、ミラノ大学理系学部やミラノ工科大学があり、「学園都市」と呼ばれます。

ジョバンニ・セロリア通りの南側には、ミラノ大学の理学部、薬学部、獣医学部、農学部などの理系キャンパスがあります。キャンパスの中には自由に入れます。

また、レオナルド・ダ・ヴィンチ広場の東側にはミラノ工科大学があります。一八六三年創立であり、ミラノ大学を抜いて、ミラノで最も古い大学です。学生数約三万七〇〇〇人のマンモス大学です。大学のホームページによると、イタリア全体の建築家の二二％、デザイナーの四四％、エンジニアの一四％がミラノ工科大学の出身者です。

レオナルド・ダ・ヴィンチ広場の正面にあるのが本部ビルで、その前に立つのは、初代学長のブリオシと二代目学長のコロンボの像です。フランチェスコ・ブリオシ（一八二四～一八九七年）は、パヴィア大学の数学の教授でしたが、イタリア統一後に議員に選ばれ、教育大臣（教育省の総書記）になり、一八六三年にミラノ工科大学を創設しました。二代目学長のギゼッペ・コロンボ（一八三六～一九二二年）は、「イタリア工学の父」と呼ばれる工学者で、大学と産業界の連携にも力を入れました。エジソンをアメリカに訪ね、そのシステムをイタリアに導入するための会社を作りました。これによってイタリアの電気産業の基礎を作りました。その後、彼は政治家の道へ進みました。

本部ビルの両脇にキャンパスへの入口があります。キャンパス内には自由に入れます。

●戦死した息子を悼んで作ったボッコーニ大学

地下鉄三号線のポルタ・ロマーナ駅から路面電車に乗り換え、ブリジー・ボッコーニ停留所で降りるとボッコーニ大学があります。学生数一万四〇〇〇人の中規模大学です。

一九〇二年にフェルディナンド・ボッコーニの寄付によって創設されました。ボッコーニは、百貨店業で財をなした商人で、国会議員も務めました。当時、イタリアはエチオピアに進出し、エチオピア戦争が起こりますが、この戦いで息子のルイジ・ボッコーニが戦死しました。フェルディナンドはその死を悼み、息子の名前をつけたルイジ・ボッコーニ商業大学を作ったのです。最初は、ミラノ工科大学の附属機関でしたが、のちに独立し、イタリアで最初の商業大学となりました。

初代学長はレオポルド・サバティーニであり、ベルギーのアントワープの高等専門学校をモデルとしました。

写真 59　カトリック大学の中庭（ブラマンテが設計した聖アンブロージョの回廊）

カトリック大学の男子禁制の庭

地下鉄二号線のサンタンブロージョ駅で降りると、ミラノ・カトリック大学があります。一九二一年にジェメッリ神父によって設立されました。門をくぐると広い中庭に出ます。外壁は人を寄せつけないそっけなさがありますが、一歩中に入ると美しい中庭があります（写真59）。外と内のギャップが大きいのはヨーロッパの大学に共通しますが、ミラノの施設はとくにその傾向が強いのです。中庭の周りは「聖アンブロージョの回廊」と呼ばれます。キャンパスを上から見ると、二つの中庭があり、漢字の「日」の形をしています。この建物は八世紀に修道院として建てられ、一五世紀に、スフォルツァ家がルネサンス期を代表する建築家ブラマンテに命じて改修しました。ブラマンテはほじめ、四つの中庭がある「田」の字型のプランをたてましたが、実際には半分の「口」の字型に留まりました。ベルトラミーニによると、キャンパス内には聖カタリナ庭園という処女の庭があり男子禁制となっているそうです（『人生で少なくとも一度はミラノでしておきたい一〇一の事柄』）。

ミラノのアカデミックな施設は、外から見るとただの古い建物ですが、一歩中に入ると、そこには想像を超えた知のテーマパークが待ち受けています。こうしたギャップがミラノの魅力です。

9章　ナポリ

エロティック・アカデミック都市

ゲーテをして「ローマにいると勉強したくなるが、ここではただ楽しく暮らしたくなる」といわしめた享楽的な街ナポリですが、しかし、意外にもナポリはアカデミックな街でもあります。ナポリ市街を地図18に示します。地下鉄、路面電車、ケーブルカーなどを利用して、アカデミックな名所を回ってみましょう。

ヨーロッパで最初の設立型大学　ナポリ大学

地下鉄一号線の大学駅で降りると、すぐ前にナポリ大学本部（学長室と法学部）があります。ナポリ大学は現在学生数一〇万人のマンモス大学です。排気ガスでもうろうとするウンベルト一世通りに面して、古代ギリシャ風の巨大な建物があります（写真60）。階段を上ると、中は二階吹き抜けのホールがあります。その奥の中庭には、巨大な祭壇のような階段があり、壮大な空間演出に圧倒さ

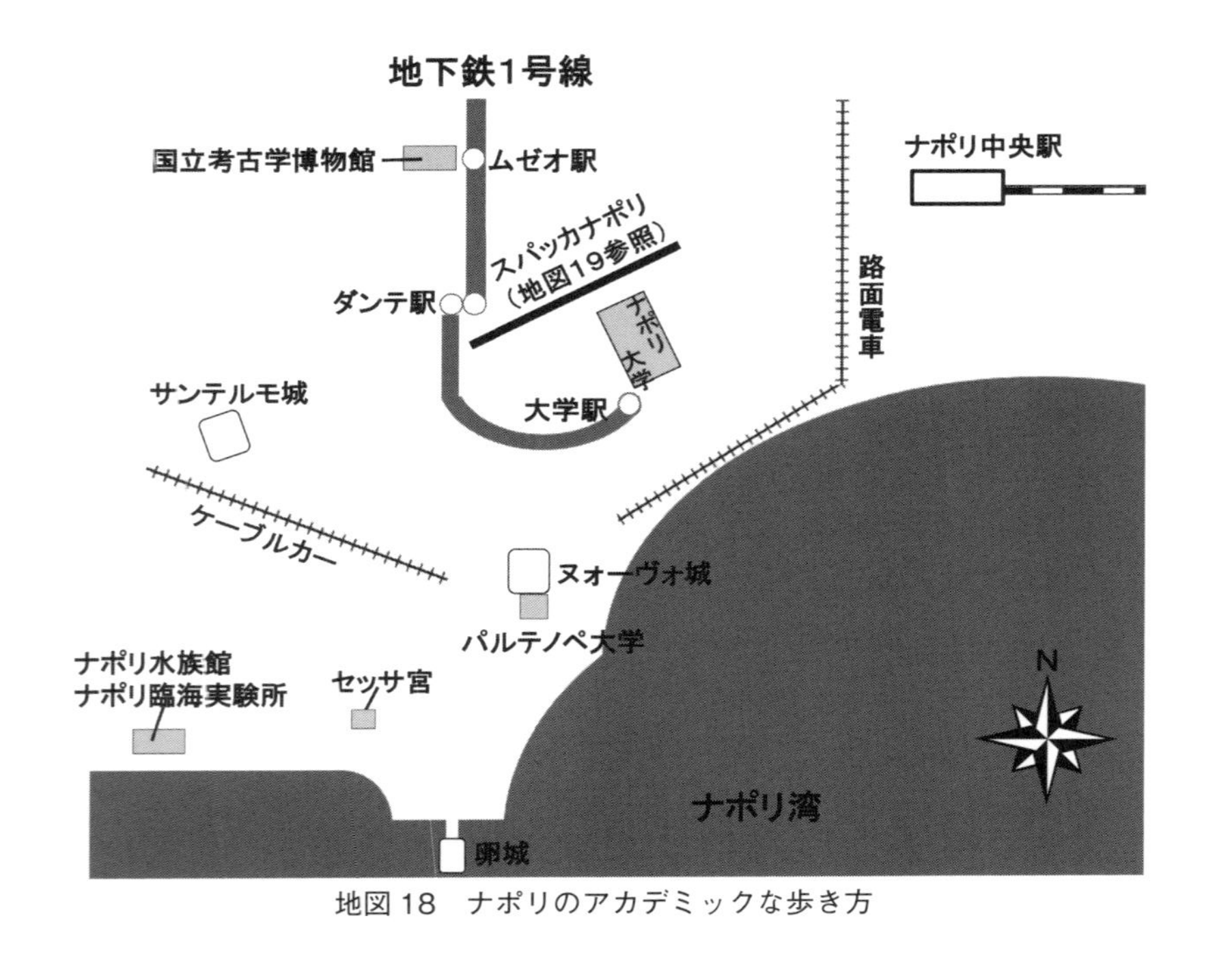

地図18　ナポリのアカデミックな歩き方

写真60　ナポリ大学本部

れます。

　正面の壁には化学物理学研究所と彫ってあり、奥のほうには、動物学・鉱物学研究所と彫ってあります。西側のメッツォカノーネ通りには、大学の動物学博物館、鉱物学博物館、人類学博物館があります。これらは理系の学部の痕跡ですが、現在は他のキャンパスに移りました。たとえば、医学部と大学病院は地下鉄一号線のポリクリニコ駅にあります。

　ナポリ大学は一二二四年に創設されましたが、当時のイタリアの他の大学とは異なっていました。それまでの大学は、ボローニャ大学（一〇八八年頃創設）のように、学生と教師によってボトムアップにできた「自然発生型大学」です。これに対して、ナポリ大学はヨーロッパで初の「設立型大学」です。つまり、権威ある設立者（神聖ローマ皇帝フェデリコ二世）によってトップダウンに設立されました。設立の目的は、それまでの大学が、法学・医学・神学などの専門家養成と学位授与を目的としたのに対し、ナポリ大学は、国を統治するための官僚養成を目的としました。運営形態は、それまでの大学は、学生の自治組織から出発し、教員も含む団体として自治的に運営されたのに対して、ナポリ大学は、国王が運営しました。教員を選んで採用するのは国王であり、教員の給与は国が支払い、教育内容も国が統制しました。学生は学費を払う必要がありませんでした。当時の南イタリアの国民は、ナポリ大学以外の大学で学ぶことを禁じられました。

一三世紀ルネサンスの継承者・フェデリコ二世

ナポリ大学の正式名称は、ナポリ・フェデリコ二世大学といいます。この大学の特色は、創設者のフェデリコ二世の人格とかかわっていました。フェデリコ二世（一一九四～一二五〇年）は、ドイツの神聖ローマ帝国の皇帝になりましたが、ドイツ統治は息子に任せて、自分はシチリア王国（領土はシチリア島と南イタリア）の国王として、南イタリアを本拠地としました。ドイツ語ではフリードリヒと呼ばれます。

一二世紀のシチリアは、当時世界の最先端だったイスラム文化が流入し、アラビア語の書物がさかんに翻訳されました。これによって、イスラムに渡っていたギリシャ文化（プラトンやアリストテレスなどの哲学や自然科学）の文献が翻訳されてイタリアに戻ってくることになりました。これが「一二世紀ルネサンス」の運動であり、シチリアはスペインのトレドと並んで、その最先端の地となりました。こうした国際的な文化の中で育ったフェデリコ二世は、アラビア語やギリシャ語などを自由に読み書きでき、歴史や哲学、科学などあらゆる学問に精通していました。

彼は一二世紀ルネサンスの運動を奨励し、学者たちに命じて、ギリシャ文化の文献をラテン語に翻訳させました。彼はイスラム教に理解があり、キリスト教という色眼鏡を持たない国際人であり、合理的な精神を持った初めての皇帝でした。歴史家ブルクハルトは、彼を「玉座に座った最初の近代人」と呼びました。

しかし、中世の人から見れば、その合理主義や、倫理を越えた実験精神などは、信仰心がないと映ったでしょう。ダンテは『神曲』でフェデリコ二世を地獄に堕としています。

大学本部は、一五〇七年から一六一六年までサン・ドメニコ・マッジョーレ教会（後述）、一六一六年から一七七七年まで、現在の国立考古学博物館（後述）の建物に置かれました。大学がサレルノに移転していた時期もあります。サレルノはナポリから電車で四〇分ほどの小さな港街で、ヨーロッパで最も古い医学校があり（表0-1参照）、その場所は今ではサレルノ医学校博物館となっています。なお、現在のサレルノ大学は一九六八年に作られた州立大学です。

写真61　スパッカナポリ（中央のビルの間に見える丘がサンテルモ城で，写真65と対応している）

アカデミック・スパッカナポリ

　地下鉄一号線ダンテ駅から南に少し行くと、スパッカナポリという通りがあります。観光客であふれ土産物屋が並ぶ幅が四メートルほどの路地ですが（写真61）、意外にもアカデミックな歴史のある通りです。クローチェ、トマス・アクィナス、ヴィーコなどが活躍したイタリア思想通りといってもよいでしょう。西側から歩いてみます（地図19）。

　最初に目立つ建物はジェズ・ヌォーヴォ教会です。向かい側のサンタ・キアラ教会はもとの女子修道院で、庭園のマヨルカ焼きの装飾が有名です。ここからのスパッカナポリの正式名称はベネデット・クローチェ通りといいますが、これは哲学者クローチェ（一八六六～一九五二年）が住んでいたからです。

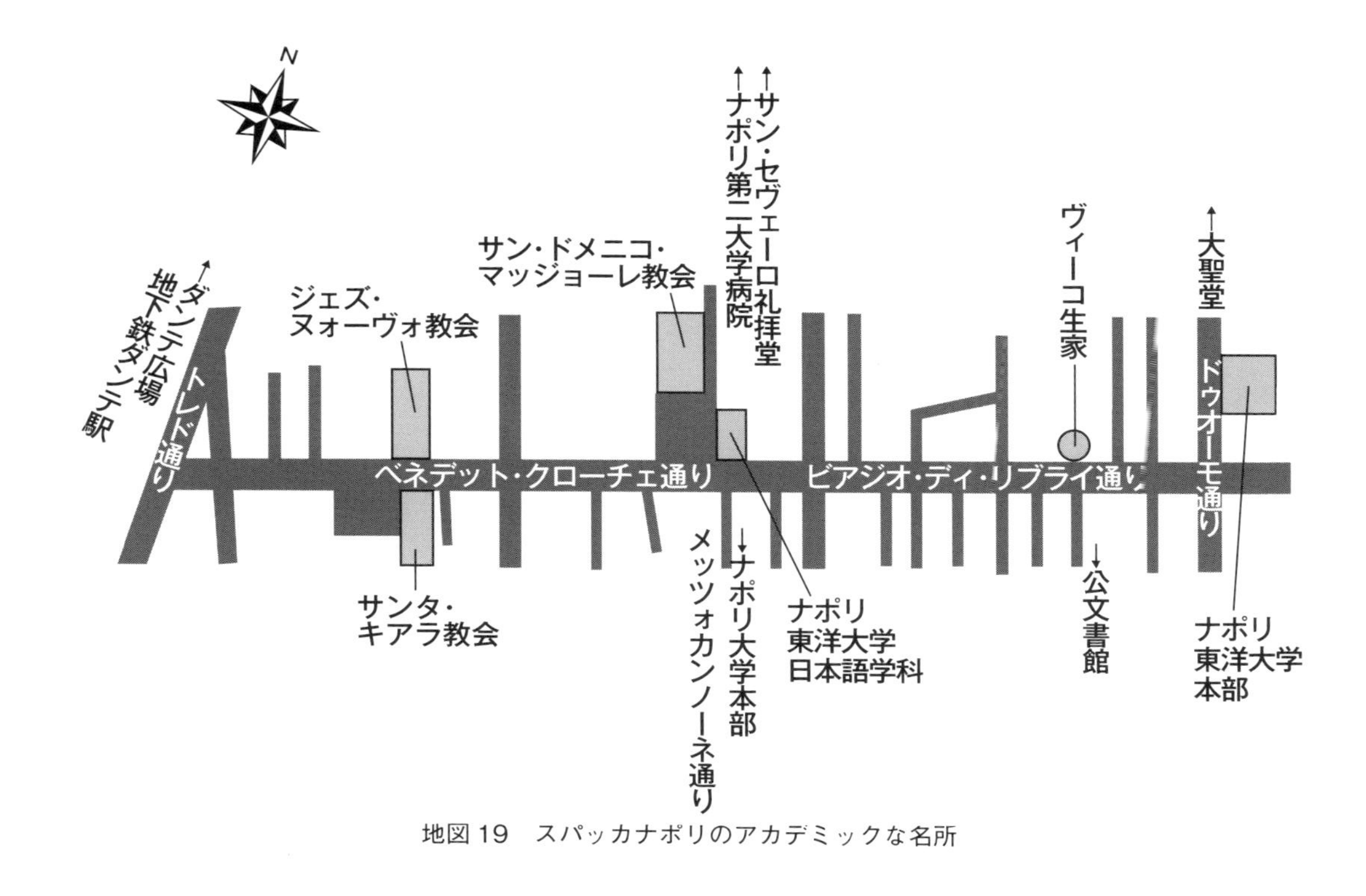

地図19　スパッカナポリのアカデミックな名所

写真62　サン・ドメニコ広場（正面がサン・ドメニコ・マッジョーレ教会，右側がナポリ東洋大学）

トマス・アクィナスの神学大学

その先のサン・ドメニコ・マッジョーレ教会は、トマス・アクィナスが神学大学を作った場所です（写真62）。

トマス・アクィナス（一二二五～一二七四年）は、ナポリ大学の学生の時にアリストテレス哲学と出会い、『神学大全』でこの哲学とキリスト教を統合し、スコラ哲学を完成させました（1章参照）。これはフェデリコ二世による一二世紀ルネサンスの成果なのですが、皮肉なことに、トマスの兄はフェデリコ二世の暗殺を企てて処刑されました。

トマスはサン・ドメニコ・マッジョーレ教会で講義や公開の説教をおこないました。彼の説教は市民に異常な感動を引き起こし、ナポリのほとんどの市民がトマスの説教を聞くために集まったということです。

トマスが創設した神学大学は、国王によってナポリ大学神学部として援助されました。

教会内の聖ニコラ・カペッラ礼拝堂では、晩年のトマスの空中浮遊が目撃されました。ある修道士の記録によると、トマスがこの教会で祈っている時に、突然、身体が六〇センチメートルほども空中にあがり、そのままの姿で十字架を見つめながら涙を流していたということです。その年の一二月のミサの日に何かがトマスに起こり、それ以降、彼は書くことも口述することも一切やめ、二カ月後に四九歳で病死しました。

ナポリ東洋大学

サン・ドメニコ広場の南東の角には、ナポリ東洋大学のコリアーノという赤い建物があります。日本語学科はここにあります。ナポリ東洋大学は、一七三二年に創立されたヨーロッパ最古の東洋学の教育機関です。

有島武郎の弟・生馬が絵の勉強のため一九〇五年にナポリに降り立った時に、世話をしてくれたのがナポリ東洋学校のガッティノーニ先生でした。下船したとたんに何者かに荷物を持ち去られて驚きますが、実は先生が手配していたホテルの客引きであり一安心します（有島生馬「ナポリ港に入る」『思い出の我』中央公論美術出版）。ちなみに、生馬は留学した時、ある女性と結婚を約束していました。貧しい家に育った彼女を学校に入れて教養を身につけるように、親友の志賀直哉に頼んで出発していきます。志賀は、約束を守って彼女の学資を出していました。ところが、五年後に帰国した生馬は彼女を捨てて、別な女性と結婚してしまいました。志賀は三七年後に小説『蝕まれた友情』（一九四七年）を発表し、生馬のこうしたスキャンダルを暴露しました（末永航『イタリア、旅する心』）。

教会の横の通りを北へ行くと、サン・セヴェーロ礼拝堂（一見の価値あり）やナポリ第二大学病院があります。また、南側のメッツォカンノーネ通りを下るとナポリ大学です。

このあたりのスパッカナポリの正式名称はビアジオ・ディ・リブライ通りです。リブライとは書店のことで、昔はナポリ大学生のための書店が並ぶアカデミックな通りでした。

この通りの三〇番地は哲学者ヴィーコ（一六六八〜一七四四年）の生家で、正面の壁に大理石の銘板が貼ってあります。彼は子どもの頃に階段から落ちて大けがをして、それからメランコリックな性格になったと自伝に書いています。

通りを南に入ると国立公文書館があります。また、ドゥオーモ通りの北にはナポリ東洋大学の本部やナポリ大聖堂（ドゥオーモ）があります。

アカデミック・ポンペイ

地下鉄ムゼオ駅の前に国立考古学博物館があります。その二階にはポンペイ遺跡の出土品が展示されています。ポンペイ遺跡は、ナポリから電車で四〇分ほどで行けます。西暦七九年のヴェスヴィオ火山の火砕流により、当時の街はタイムカプセルに閉じこめられました。ポンペイの発掘は、考古学史上の奇跡であり、古代の認識に与えた影響ははかりしれないものがあります。

しかし、ポンペイの発掘ははじめから学問的なものであったわけではありません。発見当時のナポリはオーストリアやスペインの王家に支配されており、発掘の目的は金銀の宝物や美術品を探して、海外の王室に献上することでした。「王の発掘」の時代と呼ばれます。ナポレオン軍によっても略奪されました。発掘もずさんであり、美術史の父ヴィンケルマンはそれを批判しています。科学的な発掘が進められるようになったのは、一八六一年のイタリア統一以降のことでした。

●エロティック・ポンペイ

ポンペイでは古代ローマ人のエロスの生活も明るみに出されました。壁には愛の落書きがあり（本村凌二『優雅でみだらなポンペイ』）、性的な絵のモザイクが貼られていました（ヴァローネ『ポンペイ・エロチカ』）。国立考古学博物館の「秘密の小部屋」には、性的な絵や性器の像などの発掘品が多数展示され、当時の売春宿が再現されています。観光ガイドブックにはあまり詳しい説明はなく、ナポリに行ったものだけが見学できます。

ポンペイのエロスに魅せられたのが精神分析学のフロイトでした。ポンペイをフロイトは「性愛の秘儀」の街と見ていました。彼は考古学マニアであり（拙著『ロンドン こころの臨床ツアー』）、よく考古学を精神分析療法のアナロジーとして用いていています。一九〇三年に作家イェンゼンが書いた小説『グラディーヴァ あるポンペイの幻想小説』に強く惹かれ、フロイトは一九〇七年に『W・イェンゼン著「グラディーヴァ」における妄想と夢』を発表しました。

イェンゼンの小説の主人公ハーノルトは考古学者で、古代の若い女性の浮き彫りに心をひかれ、グラディーヴァと名づけました。ある夜、彼は西暦七九年のポンペイ最後の日の夢を見ました。夢の中でグラディーヴァと出会い、ポンペイ壊滅の危険を知らせようとしましたが、彼女は石に変わってしまいました。彼はポンペイに出かけ、そこでグラディーヴァそっくりの娘と出会いました。この娘は幼なじみのツォーエであり、その後二人は結ばれます。

フロイトはこの小説を精神医学の症例報告と見ます。ハーノルトは幼児期にツォーエに愛情をいだきましたが、その性愛は「抑圧」されました。浮き彫りを見たとき、その性愛が動き出したのですが、学問という仕事によって抑圧されました。ポンペイが火砕流によって埋没したように、ハーノルトの性愛は学問の中に埋もれてしまったのです。こうして彼は妄想症（パラノイア）となってしまいました。この妄想は、ツォーエの精神分析療法によって治療されます。古代人のあけすけなエロスの地ポンペイで、エロスを抑圧した学者がそれを回復するというわけです。

写真63　パルテノペ大学からみたヌォーヴォ城

獄窓の哲人カンパネッラの『太陽の都』

王宮やプレビシート広場などの観光名所が集まるサンタルチア地区に、ヌォーヴォ城があります（写真63）。この城は、哲学者カンパネッラ（一五六八〜一六三九年）が監禁され、ユートピア小説『太陽の都』を書いた場所です。

ナポリには自然哲学（魔術）の伝統があり、それを受け継いだのがカンパネッラです。彼は若い頃、自然哲学者テレジオの著作に感銘しました。テレジオは、哲学者フランシス・ベーコンによって「最初の近代人」と呼ばれ、当時のアリストテレス的な教条主義に反対し、あらゆる先入観を捨てて自然を探求すべきと説きました。しかし、カンパネッラが会いに行った時には、テレジオはすでに他界していました。

写真64　パルテノペ大学

二一歳のカンパネッラは、ナポリに出て、自然哲学者のデラ・ポルタの影響を受けました。デラ・ポルタは、一五六〇年に世界初の自然科学の学会とされる「自然の秘密アカデミー」を作ったことで知られます。しかし、この学会は教皇によって即座に禁止されました。その影響を受けたカンパネッラは、宗教裁判にかけられましたが逃亡し、パドヴァ大学の学生となります。そこで、ガリレオと知り合いました。のちに、カンパネッラは、宗教裁判にかけられたガリレオを擁護した『ガリレオの弁明』を書きました。

カンパネッラは、二六歳でつかまりローマの獄につながれました。のちに、彼は釈放されて故郷に帰りましたが、そこで蜂起を企てて捕らえられました。ナポリのヌォーヴォ城に監禁されましたが、発狂を装って、死刑を免れました。その幽閉

写真65　サンテルモ城から見下ろすナポリ市街（街の真ん中をまっぷたつに割るスパッカナポリ。ここから見上げたのが写真61）

中に『太陽の都』を執筆しました。彼はヌォーヴォ城を脱獄しようとして、サンテルモ城に移しかえられたりしました。晩年はフランスに渡り、そこで死去しました。七一年の生涯のうち二七年を獄中ですごし「獄窓の哲人」と呼ばれています。

ナポリ出身で、同じくテレジオやデラ・ポルタの影響を受けたのがブルーノです。ブルーノとガリレオが、同じく地動説を信じながら、宗教裁判では対照的な結末を迎えたことは1章で述べました。ブルーノとカンパネッラは、直接顔を合わせたことはありませんでしたが、ローマの同じ獄舎につながれました（澤井繁男『ユートピアの憂鬱』）。ブルーノが処刑された時に、カンパネッラは彼のために詩を書きました。同時代人カンパネッラとガリレオとブルーノにはいろいろな縁があります。

ヌォーヴォ城のすぐ隣にはパルテノペ大学（海軍大学）があります（写真64）。

カンパネッラが幽閉されたサンテルモ城へ行くには、ウンベルト一世のガレリア近くにある駅からケーブルカーで山に登り、終点から少し歩きます。ここからの眺めは絶景で、ヴェスヴィオ山とナポリ湾が見渡せます。またスパッカナポリがナポリを一直線に切り裂く様子も見ることができます（写真65）。ケーブルカーの途中駅には、ベニンカーサ大学があります。

ノーベル賞を一七人出したナポリ臨海実験所

サンタ・ルチア港を西に歩くと、卵城の先にナポリ水族館があります。現存する最古の水族館といわれています。

その隣に、ナポリ湾に面して、壮麗な建物が建っていますが、これはナポリ臨海実験所です（写真66）。一八七二年にドイツの科学者アントン・ドールンによって設立されました。海洋生物学の研究のメッカとして世界各国から研究者が集まり、ノーベル賞受賞者一七人がここで研究したということです。第二次世界大戦後は、日本人研究者も多く研究に訪れています（中埜栄三ほか『ナポリ臨海実験所』）。その周りのキアイア公園には、ヴィーコなどいろいろな学者の像が立っています。

写真66　ナポリ臨海実験所

セッサ宮——ここではただ楽しく暮らしたくなる

近くの坂道を上ったところにセッサ宮という建物があります（住所はVico S. Maria a Cappella Vecchia, 31）。今はマンションになっており、ゲーテ・インスティチュートなどが入っています。かつてここには、イギリス公使ハミルトン卿（一七三〇～一八〇三年）がサロンを開いており、ドイツからゲーテ、ティッシュバイン、ヴィンケルマン、イギリスからレノルズ、ウォルポールなどの文化人が訪れました。ゲーテは『イタリア紀行』で、ハミルトン卿の愛人でのちに妻になるエマ・ハートの活人画に魅了されたことを記しています。なお、エマ・ハートは、スーザン・ソンタグの小説『火山に恋して——ロマンス』に描かれたように、ハミルトン卿と結婚し、のちにイギリス海軍のネルソン提督の愛人となりましたが、不幸な晩年を送りました。

ゲーテは続けて、本章のはじめに述べたとおり「ローマにいると勉強したくなるが、ここではただ楽しく暮らしたくなる」という名言を残しました。しかし、この名言の半分は間違っています。ローマについてもナポリについても勉強するのはとても楽しいからです。

参考書

児玉善仁『イタリアの中世大学――その成立と変容』名古屋大学出版会、二〇〇七年。

高野義郎『ヨーロッパ科学史の旅』NHKブックス、一九八八年。

丹野義彦『ロンドン こころの臨床ツアー』星和書店、二〇〇八年。

丹野義彦『アメリカ こころの臨床ツアー――アメリカ：精神医学・心理学臨床施設の紹介』星和書店、二〇一〇年。

丹野義彦『イギリス こころの臨床ツアー――大学と精神医学・心理学臨床施設を歩く』星和書店、二〇一二年。

豊田利幸「ガリレオの生涯と科学的業績」『世界の名著 26 ガリレオ』（中公バックス、一九七九年）に所収。

星和夫『医学史の旅――イタリア・マルタ』日本病院会出版、二〇〇九年。

横尾荘英『ヨーロッパ大学都市への旅――学歴文明の夜明け』リクルート出版部、一九八五年。

グイド・ザッカニーニ、児玉善仁訳『中世イタリアの大学生活』平凡社、一九九〇年。

ヘイスティングス・ラシュドール、横尾壮英訳『大学の起源――ヨーロッパ中世大学史（上・中・下）』東洋館出版社、一九六六年。

索　引

事　項

●あ 行

●か 行

●さ　行

●た　行

●ま 行

●や 行

●ら 行

人　名

●ま　行

●や　行

●ら　行

●わ　行

地図・写真一覧

11

3　メディチ荘
4　ローマ大学　ミネルヴァ像と大学本部
5　トマス・アクィナス神学大学の中庭
6　市庁舎
7　聖ドメニコ教会
8　法学教授の棺を収めるモニュメント（聖ドメニコ教会）
9　アルキジンナジオ宮の学生の紋章
10　アルキジンナジオ宮の解剖教室
11　ポッジ宮
12　フィレンツェ大学本部
13　カレッジ総合病院（フィレンツェ大学医学部）
14　プラトン・アカデミー跡のカレッジ荘
15　捨て子養育院
16　ガリレオ博物館
17　金沢大学で復元されたサンタ・クローチェ教会の壁画『聖十字架物語』
18　ガリレオのトリブーナ
19　カステッラ荘のクルスカ・アカデミー
20　ドゥオーモ広場の大聖堂と斜塔
21　世界遺産を臨むサンタ・キアーラ病院
22　ピサ大学本部
23　ピサ大学サピエンザ宮（法学部）
24　ピサ高等師範学校があるカヴァリエーリ宮（カロヴァーナ宮）
25　聖アンナ高等師範学校
26　小広場から見たマルチャーナ図書館と鐘楼（カンパニーレ）
27　マルチャーナ図書館の大広間（モニュメンタル・ルーム）
28　ため息の橋三様
29　ヴェネツィア大学本部のカ・フォスカリ宮

12

30 国立古文書館
31 解剖学の橋
32 ヴェネツィア建築大学の中庭
33 ヴェネツィア大学のサンタ・マリア・キャンパス
34 ジョルジョ・チーニ財団
35 サン・クレメンテ島
36 ヴェネツィア国際大学のあるサン・セルヴォーロ島
37 パドヴァ大学本部の外観
38 大講堂（アウラ・マーニャ）「ガリレオの部屋」
39 四〇人の部屋
40 ガリレオの教壇
41 英雄の入口
42 『ガリレオの螺旋』
43 市民病院の中庭と南側の高層ビル
44 カフェ・ペドロッキ
45 シニョーリ広場の天文時計
46 プラート・デラ・ヴァッレのペトラルカとガリレオの像
47 トリエステ大学本部
48 トリエステ大学本部から市内を望む
49 サン・ジョヴァンニ公園の精神科病棟の跡
50 サン・ジョヴァンニ公園　旧マッジョーレ精神科病院管理棟
51 サバ書店
52 サバとジョイスの銅像
53 スフォルツァ城
54 『最後の晩餐』があるサンタ・マリア・デレ・グラツィエ教会の修道院
55 ダ・ヴィンチ『スフォルツァ騎馬像』
56 パヴィアにあるヴィスコンティ城

57　サンカルロ教会
58　アンブロジアーナ図書館の内部
59　カトリック大学の中庭
60　ナポリ大学本部
61　スパッカナポリ
62　サン・ドメニコ広場
63　パルテノペ大学からみたヌォーヴォ城
64　パルテノペ大学
65　サンテルモ城から見下ろすナポリ市街
66　ナポリ臨海実験所

■ 著者紹介

丹野 義彦（たんの よしひこ）

1954年宮城県生まれ
東京大学文学部心理学科卒業
東京大学大学院人文科学研究科修士課程修了
群馬大学大学院医学系研究科博士課程修了
現在，東京大学大学院総合文化研究科教授
専門は心理学・教育学。臨床心理士，医学博士。
おもな著書に，『はじめて出会う心理学』（共著，有斐閣），『臨床心理学』（共著，有斐閣），『認知行動アプローチと臨床心理学』（金剛出版），『講座 臨床心理学』（共編，全6巻，東京大学出版会），『ロンドン こころの臨床ツアー』『アメリカ こころの臨床ツアー』『イギリス こころの臨床ツアー』（いずれも星和書店）など。

イタリア・アカデミックな歩きかた
――都市をめぐる教養散策

A Tour around the Academic Italy

2015年12月25日　初版第1刷発行

著　者　丹野義彦
発行者　江草貞治
発行所　株式会社 有斐閣
郵便番号 101-0051
東京都千代田区神田神保町 2-17
電話 (03)3264-1315〔編集〕
(03)3265-6811〔営業〕
http://www.yuhikaku.co.jp/

印刷・株式会社暁印刷／製本・大口製本印刷株式会社

ISBN 978-4-641-17418-4